DON'T CONFINE YOUR CARTOGRAPHY TO FISHIN' HOLES, CAMPSITES AND NUDE BEACHES. FEEL FREE TO INCLUDE THE EXOTIC AND UNUSUAL LIKE ELEPHANT BURIAL-GROUNDS, INCA TREASURE, LOST CIVILIZATIONS, THE DUTCHMAN'S GOLD, AND LOCATIONS OF SACRED VOODOO RITUALS...

—SOME SYMBOLS FOR HAND-DRAWN MAPS:

ROAD
CHURCH
CEMETARY
BUILDINGS
SCHOOL
TREES
HILLS
RR TRACKS
BRIDGE
STREAM
LAKE
TRAIL

COPYRIGHT © 1979 SHERIDAN ANDERSON '16-3

MORE MAP SYMBOLS

TREES
POWER LINES
ROAD
BRIDGE
POND
ISLAND
STREAM
TRAIL
BLUFFS
MINES
FENCE
MARSH
SPRING

WATCH AS COMPASS

TICK TICK

WHILE HOLDING THE WATCH LEVEL, AIM THE HOUR HAND IN THE DIRECTION OF THE SUN — HALFWAY BETWEEN THE HOUR HAND AND 12 GIVES YOU A LINE POINTING TRUE SOUTH. DURING DAYLIGHT SAVINGS TIME, DIVIDE BETWEEN THE HOUR HAND AND 1... CUTE HUH? TRY IT....

メイベル男爵の
バック
パッキング
教書

●最低の費用で、最高のハイキング、登山、
アウトドア・アドベンチャーを楽しむために

シェリダン・アンダーソン　文・絵

田渕義雄　訳

目次

●メイベル男爵のバックパッキング

●男爵のご親友、ヨシオの脚注

Sheridan Anderson
Baron Von Mabel's Backpacking
original copyright ⓒ1980 by Sheridan Anderson
Published in Japan, 1982
by Shobun-Sha-Shuppan LTD., Tokyo
Japanese translation rights arranged with
Sheridan Anderson, Oregon
through Tuttle-Mori Agency, Inc., Tokyo

アート・ディレクション・岡本　康

はじめに

　大自然（ウィルダネス）の旅は、探検の喜びとスリルに満ち
あふれている。生き残るための技術と創造力
を駆使しながら……文明と呼ばれるこのガラ
クタとはったりの世界から、遠く離れている
ことを謳歌するんだ。

　もちろん、危険はつきまとうさ。とっくの
昔に忘れされてしまったような冒険が、待
ちかまえているかもしれない。でも、それも
楽しみというもんよ。竜（ドラゴン）の尻尾（しっぽ）をたまにはく
すぐってみる必要があるんだ。誰にだってま
だ、そういう血が残っていることを証明する
ために──。バキーンって一発くらわされる
かもね。でも、今まさに雪崩（なだれ）におし流されて
いる自分の運命や、凶暴なしまりす（チップマンク）の群れに
襲われて食いちぎられているような、そんな
古典的な栄光を想像してみるのは悪くない。

　そうよ、バックパッキングは、自由を確か
めることなんだわ。嵐が吹き荒れる山道をつ
き進んで、あてどなく彷徨（さまよ）ってみなさい──
っていう命令なのよ。静寂に耳をかたむけ、
山のてっぺんで独り酒に酔い、カケスに話か
けて、詩人になって……バックパッキングは
そんな素敵な酔狂の美酒に酔ってみることな
のだ。

6

メイベル男爵の BACKPACKING, バックパッキングと 森の知識 WOOD! そして、アウトドア・アドベンチャー

昔、人間は都市という生活環境を発明した。だけどそのときからすでに、人間はなんとかこの生活環境から逃げだそうといろんなことを試みてきた。

最良の方法は、そこから逃げだしちゃうことである。

さて、そこで登場いたしましたのがこのお方、東西随一のこの道の達人であり解説者であられる、ウルフギャング・アメディウス・メイベル男爵であります……。
さあ、一緒にでかけようじゃないか。男爵と彼の忠実な羊 "ボブ" が、文明のおよばない地で、いかに生き残り、そして栄えるかを教えてくれる。
──荒野は遠くなっていくばかりですぞ。

Von.Mabel's
BACKPACKING
WOODLORE &
OUTDOOR
ADVENTURE

by Sheridan Anderson

Backpacking
バックパッキングとは
何を持っていか
ないかという
策略のことである

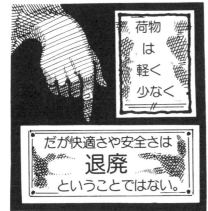

荷物は軽く少なく

だが快適さや安全さは
退廃
ということではない。

必要なものは、食料と衣類
それに
シェルター

飽きたわあ

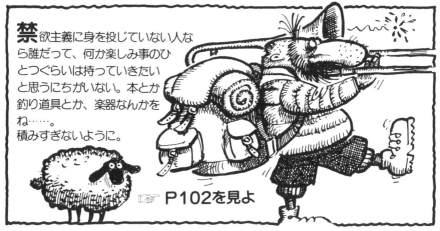

禁欲主義に身を投じていない人なら誰だって、何か楽しみ事のひとつぐらいは持っていきたいと思うにちがいない。本とか釣り道具とか、楽器なんかをね……。
積みすぎないように。

☞ P102を見よ

この章では何よりもまず、アドベンチャーを楽しむための〝肉体の諸器官〟について議論してみよう。

頭脳は、バックパッキングを楽しむ際に最も重要な器官である。いつの日か一人前の山男になることを夢みている人なら、働きがよくてしかも大きめのヤツを一つ持っているといいんだが……。

☞ **P104を見よ**

脳はだいたいこのへんにある。

足もまた、バックパッキングにはたいへん重要な器官。足は、大地とバックパッカーとの接触を司どる器官だから。

健康で強じんな素晴らしい背中（バック）は、バックパッカーにはなくてはならないものだ。

実際のところ、バックパッキングという名前の由来は、この背中（バック）からきているのだ。

背中、頭、足はすべて、バックパッカーには不可欠のものである。これらがすべて揃っていなければ、冒険すべきではない。

☞ **P106を見よ**

10

初めて揃えたバックパッキングの道具が、完璧だったなんてことは、まず、ありえないことなのだ。自分で判断してよい道具が選べるようになるためには、やっぱり時間と経験が必要なのだ。ましてや、自分自身の個人的な要求や好みに合ったものが、どんなものかをわかるようになるには……。

☞ 108を見よ

ごく一般的な
バックパッキング

COPYRIGHT 1978 © SHERIDAN ANDERSON #21-194

登山……

スキー・ツーリング
とスキー登山……

砂漠のテクテク旅行（トレッキング）

☞ P109を見よ

塩1に対して水4の割合の塩水を作る。バックパッキングやハイキングにでかける5日前ごろから、1日に15〜20分ぐらい毎日この塩水に足を浸ける。そうすれば足がしまってマメができにくくなる。

塩水に足を浸けたら足を乾かす。しかしベットに入るまでは足の塩をすすぎ落さないほうがいい……。

塩水に足を浸けて、足の皮を丈夫にする方法を教えよう。

足の世話……

ソックスは、ツマ先とカカトの部分がナイロンで補強されているウールの製品がいい。

ソックスは、2足重ねてはくのがいい。まず薄いソックスをはいて、その上にウールの厚手のソックスをはく。

☞ P110を見よ

マメの手当

足にマメができたかな、と思ったらすぐに、絆創膏かバンドエイドみたいなガーゼ付きのテープをはりなさい。

5センチ幅のテープがいい

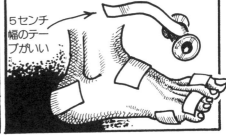

日々の行進のちょうど半分あたりで、足を洗ってからソックスをはきかえてやりなさい。足を乾燥させておくのに、フット・パウダーかベビィ・パウダーを少しふりかけてやるといい。

☞ P111を見よ

キャンプ地に着いたらはきかえるためのスリッパを1足もっていくといいんだが。キャンプ地でやっぱりもってきてよかったと思うだろう。

ブーツ

どんな靴がいいのかは、季節とその土地の地形による。ヒマラヤの山に登るのに適した靴は、乾燥したシェラ山脈のトレール（道）ではくには、重すぎるし足がムレムレになってしまう。

☞ **P112を見よ**

ナイキやアディダスのランニング・シューズをはくエキスパートも。

登山靴（マウンテニアリング・ブーツ）は、バックパッキングやハイキングのときには、まるで拷問室みたいなもんだ。

深すぎる、固すぎる、重すぎる

中位の重さで裏地のはってあるハイキング・ブーツに賭けてみることをすすめる。ビブラムのラグ・ソール（ギザギザした底）がはってあり、1足で2キロ以内のブーツがいい。

☞ **P114を見よ**

サイズがぴったり合ってることがなによりも重要。ブーツや靴は、足の親指のふくらみがぴったりと合っていて、しかもツマ先と踵が靴にあたらないものにする。ソックスをはいてからちゃんとしたサイズを選びなさい。大きすぎてもいけないが、小さい靴は最悪である。

☞ **P118を見よ**

何を着ればいいか

どんな衣類を持っていくべきかは、季節やその土地の気候による。最悪の場合を考慮して準備するべきである。高山では、夏にだって時ならぬ吹雪にみまわれることだってありえる。

何度か旅にでて経験をつむうちに、何を持っていって、何を持っていかないかが分かるようになる。

☞ P122を見よ

羽毛服みたいな軽くて暖かいジャケットこそが、衣類の基本。

ジッパーがかみ合ってしまったり、凍りついた時のために、スナップ式のボタンもついているヤツがいいんだが……。

忘れちゃいけない！　大自然のなかでは、昼間は素裸でいたいほど暑いのに、夜には霜がおりることを。

☞ P124を見よ

雨天の時には、フード付きのポンチョやレイン・ジャケットを。

☞ P125を見よ

羽毛や化学繊維の綿が入ったベストは暖かくて、カサばらない。

——ベストは腕が自由に動かせてラクだ。

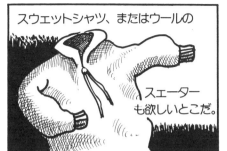

スウェットシャツ、またはウールの スェーターも欲しいとこだ。

あったかいかって?!

けれども、着やすくて、丈夫で、暖かくて、そして軽いものでありさえすれば、自分が気にいっているものなら何でもよろしい。 ☞ P129を見よ

暑い時候のハイキングには、半ズボンや半ソデのシャツを着ればいい。ただし日中だけ……。 ☞ P130を見よ

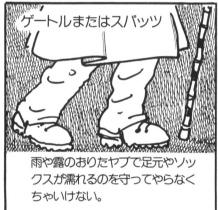

ゲートルまたはスパッツ

雨や露のおりたヤブで足元やソックスが濡れるのを守ってやらなくちゃいけない。

自分に最適な帽子と日除け、それにサングラスも必要。

襠（まち）付きの大きなポケットがある丈夫な長ソデのシャツも気に入るかもしれない……。 ☞ P131を見よ

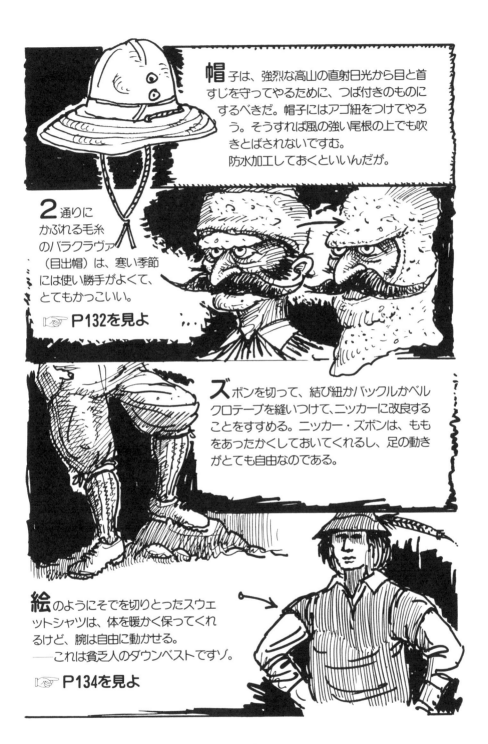

帽子は、強烈な高山の直射日光から目と首すじを守ってやるために、つば付きのものにするべきだ。帽子にはアゴ紐をつけてやろう。そうすれば風の強い尾根の上でも吹きとばされないですむ。
防水加工しておくといいんだが。

2通りにかぶれる毛糸のバラクラヴァ（目出帽）は、寒い季節には使い勝手がよくて、とてもかっこいい。

☞ **P132を見よ**

ズボンを切って、結び紐かバックルかベルクロテープを縫いつけて、ニッカーに改良することをすすめる。ニッカー・ズボンは、ももをあったかくしておいてくれるし、足の動きがとても自由なのである。

絵のようにそでを切りとったスウェットシャツは、体を暖かく保ってくれるけど、腕は自由に動かせる。
——これは貧乏人のダウンベストですゾ。

☞ **P134を見よ**

ソックス

少なくとも1日に1回は、靴下をはきかえること。
もしも水に恵まれていて、しかも天候がゆるすなら、靴下は定期的に洗濯してあげるべきだ。

☞ P135を見よ

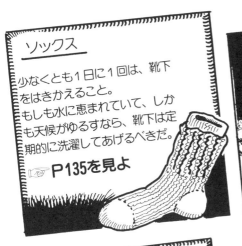

湖や渓流で衣類をすすぎ洗いしてあげなさい。だが、石鹸や洗剤また化学的なものは、水質保全のためにけっして使用してはならない。腕力だけで十分……。

アンダーウェア

アンダーシャツは余分にもっていくこと。
ショーツ（パンツ）も1、2枚の着替えを。
だが忘れなさんな。重さとかさばりは、きみの"敵"だってことを……。

かくの如くにして衣類を乾かすのである。だが歩いている間は、荷物から吊り下げておけばよろしい。

ズボンとシャツ

1枚ずつあれば事足りることであろう。しかしながら、それぞれ着替え用のものが必要だっていう人もいるかもしれない。

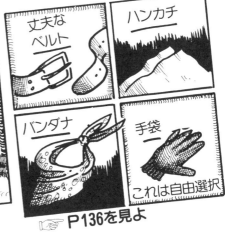

丈夫なベルト

ハンカチ

バンダナ

手袋
これは自由選択

☞ P136を見よ

☞ **P138を見よ**

"スイス・アーミー・ナイフ"

はさみ
やすり
のこぎり
きり
拡大鏡
缶切り
爪みがき
つまようじ
ピンセット
電線むき

せん抜き
コルク抜き
プルーナー
ナイフ

―これは価値ある
贅択品だぜ

アマゾンのジャングルで男爵はかつて、スイス・アーミー・ナイフと5〜6冊の家庭雑誌だけで危機をみごとに脱した経験をおもちになる。

COPYRIGHT 1978 © SHERIDAN ANDERSON #19-192

ハイキング用の杖（つえ）

重い荷をかついで、急な斜面やでこぼこの地形を歩いたりするときにはすごく役立つ。また、景色をながめながら寄りかかって休んだりいっぱいやったりするのにもなかなかなもの。

竹製の杖に勝るものなし。軽くて丈夫だ。自分の背たけと同じ長さで直径が38ミリほどのものがいい。電気屋のビニール・テープでところどころを補強して、杖の底にゴムの石づきをはめてやるといいだろう。

絵のようにして使えば難所もなんのその、危険もより少なくなる。急な下り道にも絶対だし、岩棚をトラバース（横切る）したりするのにもすごく心強い。

18

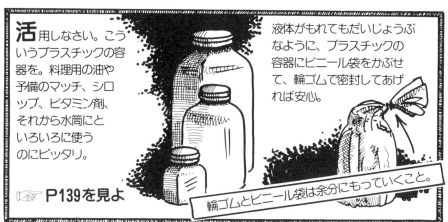

活用しなさい。こういうプラスチックの容器を。料理用の油や予備のマッチ、シロップ、ビタミン剤、それから水筒にといろいろに使うのにピッタリ。

☞ **P139を見よ**

液体がもれてもだいじょうぶなように、プラスチックの容器にビニール袋をかぶせて、輪ゴムで密封してあげれば安心。

輪ゴムとビニール袋は余分にもっていくこと。

進歩的な連中、または反逆者はビック社のライターを持っていくだろう。

——それから伝統的なマッチ棒も、ちゃんと隠し持っていく……。

COPYRIGHT 1978 © SHERIDAN ANDERSON #20-193

異端者のなかには、トランジスターのポケット・ラジオを持っていきたがる者もいる。他のハイカーの耳ざわりにならないところで使用するんならオーケーである。

斧やまさかり、それからあのいかにもかっこよくみえるでっかいシースナイフなんかは、中世風の戦いやガウチョの決闘には最適だ。でも、バックパッカーには無用の長物……。

鉄製の水筒は、今やほとんど使われない——。ポリ・ボトルのほうが軽いし、型やサイズもいろいろ揃っていて重宝であります。

☞ **P140を見よ**

10の必携品

男爵は、ここに紹介した10のアイテム（品物）を、初心者各位はすべて持参すべきだとおっしゃっておられる。特に、仲間やキャンプ地からはぐれてしまう危険性の高い険しい山岳地におもむくときには、これらのアイテムは必携品であると。

☞ **P141を見よ**

① マッチ

必ず防水容器に入れたもの。

② 予備の食料

ハイカロリーですぐに食べられるもの。

③ コンパス（磁石）

④ 地図

⑤ ナイフ

COPYRIGHT © 1979 SHERIDAN ANDERSON ~ #41

⑥ 懐中電灯

余備の電池も

⑦ 救急医療キット

⑧ サングラス

⑨ 火付け用熱料（ファイヤー・スターター）

錠剤状の固型燃料ファイヤー・リボン、またはライター・オイルの小さな缶

⑩ 余備の衣類

スウェーターとレイン・ジャケット、またはポンチョなんか

冷静であることが、何よりも何よりも重要である。厳しい状況下にたったの一人でいるときには、とにかく慌てちゃいけない。

20

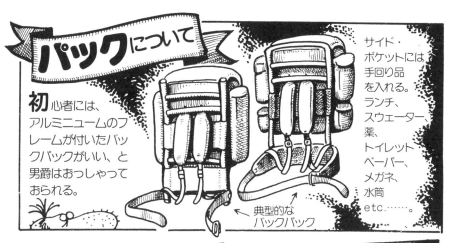

パックについて

初心者には、アルミニュームのフレームが付いたバックパックがいい、と男爵はおっしゃっておられる。

← 典型的な
バックパック

サイド・ポケットには手回り品を入れる。ランチ、スウェーター、薬、トイレットペーパー、メガネ、水筒etc.……。

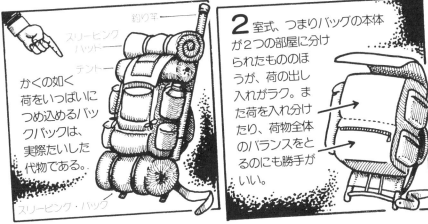

釣り竿
スリーピングハット
テント

かくの如く荷をいっぱいにつめ込めるバックパックは、実際たいした代物である。

スリーピング・バッグ

2室式、つまりバッグの本体が2つの部屋に分けられたもののほうが、荷の出し入れがラク。また荷を入れ分けたり、荷物全体のバランスをとるのにも勝手がいい。

絵のような1室式のものも、きみにはかえって使いやすいかもしれないけど……。

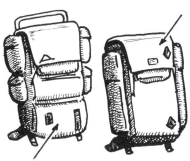

長期間用の大きなバックパックには、スリーピング・バッグがすっぽり中に入ってしまうものも。

"ペット用のパック"を
===
きみの友だちにも荷をかつがせればいい

BAAAH!

☞ 142を見よ

"自分に合ったパック"

このショルダー・ストラップが、自分の肩と同じ高さか、せいぜい4〜5センチ上ぐらいに位置していること。絶対に肩より下にこないこと。

ウェスト・ストラップの位置は、腸骨の天ぺんの、ちょっと下あたりにくること。左下の絵のように、骨盤全体に荷重が分散されるように……。

☞ P144 を見よ

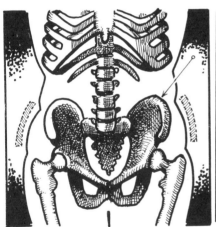

バックバンド（背負いバンド）は、とにかく自分が一番ラクチンだと思う長さがいい。コードやバックルをあれこれしつっこくいじくり回して、バックバンドの張り具合を調節してみなくちゃいけない。

最新式のアルミのパックフレームは、ハイカーの重心のあたりに荷重するように、背中の線にそってカーブしている。
またウェスト・ベルトは、本来はすべて肩にかかってくるべき重さを、腰で受け止めてやることができる。
このパックフレームとウェストベルトとの組み合わせで、重い荷もずっとラクに背負えるようになった……。

用 パックの荷造り

2つの基本法則

その1，重い物は、背中の側に荷造りし、衣類などの軽い物を外側に。

その2，ひんぱんに出し入れするような物は、すぐに取りだせるように最後に荷造りする。

外側のポケットや小袋（ポーチ）は、荷を小分けにして、整頓しておくためにあるのですゾ。

男爵は、日帰りの遠足のときには、クチャクチャになるナップサックを愛用しておられる……。

COPYRIGHT © 78 SHERIDAN ANDERSON 221-46

丈夫なビニール袋があるといいんだが。食料やナベ類や衣類なんかをひとまとめにして詰め込むのに便利。

また、でっかいビニールのゴミ袋は、荷物全体や寝袋を雪や雨から守ってくれるだろう。大小何種類かの丈夫なビニール袋を揃えておこう。

精巧な器具やこわれやすい物は、細心の注意を払って荷造りしなくちゃいけない。あとで泣きベソをかくことになっても、わたしは知らんヨ。

水やガソリンの容器はちゃんとまっすぐになるところに詰め込む。そうすれば、食料やなんかにこぼれて旅をダイナシにしなくてもすむ。心をこめて荷造りにあたりなさい。

POSSIBLY A SIDE-POCKET

如何に荷造りしたら
いいかを教えよう。
衣類みたいな軽い
物は上の荷室に。
食料やストー
ブみたいな重い物
は下の荷室に
詰め込めばい
いのである。

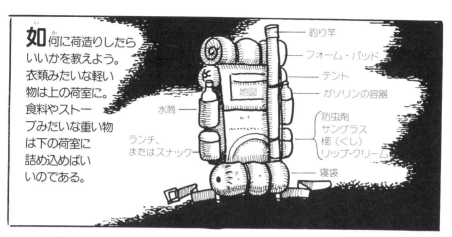

- 釣り竿
- フォーム・パッド
- テント
- ガソリンの容器
- 防虫剤
- サングラス
- 櫛（くし）
- リップ・クリーム
- 寝袋

地図

水筒

ランチ、
またはスナック

旅
にでて、
2〜3日も
すれば、いかに賢くいかに迅速に荷造り
すればいいか、だんだん分かって
くるだろう。経験こそが最良
の師である。

用具を入れるための
バッグは、古
いズボンを再利
用して作れる。
点線のように
カットして、
一方の端を
ぬいつけれ
ばいい。

☞ **P148を見よ**

汚れた衣類ときれいな衣類は、
別々のビニール袋に詰めて分けて
おく。これらの衣類は、枕カバー
に詰めたり、物入れ袋に詰め込ん
だりすればいい枕になる。
きみのジャケットもいい枕になるヨ。

☞ **P149を見よ**

燃えないゴミを持ち帰るための
予備のビニール袋を持っていきな
さい。ゴミを土に埋めたりするの
はよくない。動物が掘りおこして
散らかしてしまうから。
男爵の教え：自然のなかでは、き
みが自然の番人……。

パックは、いっぱいに荷を積み込んだ状態で、バランスがとれているように作られている。小さな容量のパックは、荷造りがむつかしい。長期間用のいわゆる〝遠征型〟の大きなパックは、小さなものよりもバランスがとりやすい。

単独行者や2週間もトレッキングする人は、大きめのパックにしたほうがよろしい。

共同装備

例えば、2～3人でテント、料理道具、救急医療品、ストーブ、ガソリン、カメラなんかを共有することにすれば、各人の荷の重さはグッと軽くなる。共同の装備を分けてパックできないソロイスト（単独行者）は、それだけ荷造りがやっかい。☞P150を見よ

シェルパみたいな高地に慣れた召使いをやとうことができれば、旅はずっとラクになるんだが……。

召使いがいれば、何かと便利で心強い。王様になった気分で……。

前方に流砂がある。お前が先に行って調べてきなさい……。

街へ引き返させてもっとシャンペーンを持ってくるように特派したり、はたまた遠くの雪原や氷河までおもむかせて、シャンペーンを冷やすための氷を取ってこさせたり……。山での召使いはさぞかし役に立つことであろう。

プラスチック・フレーム?!

コールマン社は、身体によくなじむプラスチック製のフレームのバックパックを作り出した。このフレームは誰にでもピッタリするようにフレームをあれこれ調節できるようにデザインされている。
バッグも頑丈にできているし、機能性にもすぐれたデザインだ。
他にもいろんな会社から、さまざまに工夫をこらした製品が……。

☞ P151を見よ

柔軟性に富み、かつ身体にぴったりなじむ大型のフレーム無しのパックもいい。このリュックサック・タイプのパックは、特に登山やスキー・ツアーにむいている。
このタイプのパックは、アルミニュウムの支えがパックに内蔵されている。一般的なバックパッキング用に作られたものではないのだが、ハイキングやバックパッキングのときにも、かなり使い勝手がいい。
フレームがないこのパックは、旅をするときにはとても使いやすい。腕が自由に使えるからパスポートなんか取りだしたりするのもラクなのだ。またフレームがない分、パックを収納するのが簡単だし、汽車や飛行機や車やバスのなかでも取り扱いがだんぜんラクである……。

☞ P152を見よ

いかにして パックを 背負うか

実を言えば、フォルクスワーゲンのエンジンを積み込んだり、風呂桶を移動したりするのよりもずっと簡単なことである……。

ちょっとの辛抱だ。上の絵の順序でやれば、さあしょえた……。さて、ここらで一休みとしよう。ビールでもやろうゼ！

前進

簡単なもんさ！

諸君、ついにやったじゃないか！腰に重さがかかるようにベルトを締めたかい？

さあ、人生はビューティフルだ。人生は偉大だ。きみは今や自然界の一員だ。でも、まだまだ自惚れしちゃあいけないぜ。

パックを買うときには、約13キロの荷物を詰め込んで、背負ってみてからにした方がいい。ブーツやパックや寝袋、それからテントなんかはいちばん高価なバックパッキングの用品だ。いろんなお店をのぞいてみて、よく調査してから買い物をするように……。

☞ P155を見よ

買い物の秘訣はこうだ。まず、最高級品を手にとってじっくり調べてからもっと安い商品と比べてみるのだ。ちょっと探偵になってみる手間をいとわなければ、いずれにしてもお金を節約することができる。いろんなお店で安価な目玉商品ばかりを買い揃えたりするんだヨ。

インシュレーション

（断熱）ということがキー・ワード

1，冷たい大気からの断熱……
2，風やすき間風からの断熱……
3，大地や積もった雪からの断熱……

紙や梱包材やダンボールなんかがいっぱいつまったゴミ箱……。

こんなのはエディー・バウアーのカタログにはのっていないけど、みんないい断熱材である……。

スリーピング・バッグ

羽毛（ダウン）

ダック・ダウン
グース・ダウン

羽毛入りの寝袋は、その重さのわりにはすごく暖かい。でも濡れたときはそれほどでもない。だからいつも乾かしておくこと。値段は高いが、小さくしまえる。

ポリエステル

ポーラーガードまたはデュポンのファイバーフィルⅡ

ポリエステル入りの寝袋は、ウールのように濡れても暖かい。またすぐに乾く。値段は羽毛製品よりもずっと安い。しかし、かさばるので荷造りは大変。

2つの寝袋のジッパーがつなげるようにデザインされていて、ダブルにしても使える製品も売りだされている……。

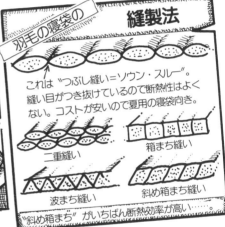

羽毛の寝袋の 縫製法

これは "つぶし縫い＝ソウン・スルー"。縫い目がつき抜けているので断熱性はよくない。コストが安いので夏用の寝袋向き。

二重縫い

箱まち縫い

波まち縫い

斜め箱まち縫い

"斜め箱まち"がいちばん断熱効率が高い……。

ポリエステル の縫製法

暖かい化繊綿のものは、こういう風に縫製してある。つまり2重縫いのまん中に、もう一枚の綿の層をサンドイッチしてある。

寝袋には、たいてい専用のスタッフ・バッグ（袋）がついている。

羽毛は、凍るような寒いところで使用するのにはベスト。

ポリエステルは、湿気の多いところでの使用にむいている。夏のバックパッキングやキャンピングにもいい。

★ 3M社は、"シンサレイト" と呼ばれる有望な化学繊維を売りだした。

☞ P156を見よ

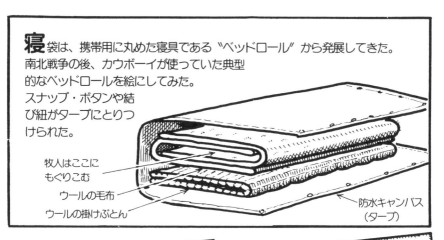

寝袋は、携帯用に丸めた寝具である "ベッドロール" から発展してきた。南北戦争の後、カウボーイが使っていた典型的なベッドロールを絵にしてみた。スナップ・ボタンや結び紐がタープにとりつけられた。

牧人はここにもぐりこむ

ウールの毛布

ウールの掛けぶとん

防水キャンバス（タープ）

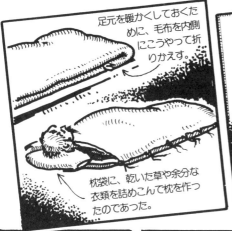

足元を暖かくしておくために、毛布を内側にこうやって折りかえす。

枕袋に、乾いた草や余分な衣類を詰めこんで枕を作ったのであった。

羊毛をはりつけた寝袋はかなり暖かかった。しかし、すごく重くて10キロが時にはそれ以上も目方があった。

羽毛の寝袋は、たぶんヨーロッパの "羽根ぶとん" から発展したものであろう。——マットレスにも羽毛や羽根が詰め込まれていた……。

本来、寝袋は毛皮の代用品ということだ。我々の祖先は、動物の毛皮にくるまって氷河時代を生きのびてきたのだ。

カリブ、熊、野牛、アンテロープ、鹿、あざらし、そしてライオンなんかが、寝袋や衣服のための義勇兵として狩りだされてきた。

寝袋の使命は、人間を暖かくしておいてくれることである……。

そうするためには、寝袋は体温を逃がさないために十分な断熱がなされていなければならない。また同時に、身体から発散する水蒸気を逃がしてやるために十分な通気性がなければならない。

この図解は、寝袋とパッド（敷き物）とグランド・シートとの基本的な組み合わせを示したものだ。

この寝袋は、ごく標準的な封筒形のモデル。枕は、余分な衣類を詰め込んだスタッフ・バッグ。枕用の袋は、通気性のある繊維で作られていること。

パッド

グランド・シート

男爵は、ミイラ形（マミー）の寝袋が気に入っておられる。エジプトのミイラみたいに足元が細くなっていて、フードが一体になったこのタイプの方がより暖かいから。

☞P158を見よ

上質な寝袋とパッドとテントがあれば、どんな天候のもとでもきみをしっかりと守ってくれる。ただし、とてつもない嵐のときは別だけど……。

今は、気温が氷点下以上の月にだけあてはまる事柄についてだけ講釈を進めていくことにする。
もっとマゾヒスティツクな気温のもとでの…技術については、後で取りあげることにしよう。

現代の用具も、基本的には古代の装備とほとんど変わらないのだ。——例えば……

インディアンのティピィ

野牛の毛皮	＝寝袋
皮のティピィ	＝ナイロンのテント
馬の運搬具（トラボイズ）	＝パック

"女々しいゾ"たわけ者メ!

だが野蛮人と愚か者だけが、
かたい大地の上で
眠るのだ……。

布のカバーがしてある、厚くて快適なフォーム・パッドが欲しいところだ。すごくかさばるけど、持ち歩くだけの価値は十分にある。

☞ P162を見よ

38㍉の厚さのウレタン・パッドにナイロンのカバーがしてあり、ゆわえ紐がついている。

エンソライトと呼ばれる13ミリの厚さのパッドは、雪上で眠るのに使うものだ。また、やわらかい砂地みたいなところでのキャンプにもいい。エンソライトはでこぼこしたところにはむいていない。

エンソライトはクローズド・セル（気泡密封型）のパッド。かさばらないし断熱効果も高い。また水も吸収しない。

身長の長さ分あるパッドはおすすめ品である。特にきみが、1年1回のトレッカーであるんなら……。

パッドをきつく巻き上げるには、体重をかけてこのようにして巻いていく……。

地面の上に敷くグランド・シートには、長方形のポリエチレンのキャンバス、またはナイロンの布を用いる。テントの床の上に敷くのもいい。

地面からの湿気をふせぐのである。

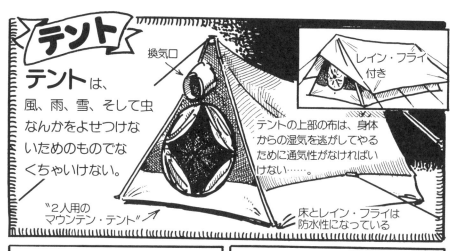

テント

テントは、風、雨、雪、そして虫なんかをよせつけないためのものでなくちゃいけない。

換気口

"2人用の
マウンテン・テント"

レイン・フライ
付き

テントの上部の布は、身体からの湿気を逃がしてやるために通気性がなければいけない……。

床とレイン・フライは
防水性になっている

マウンテン・テント

- とにかく軽量であること。
- 強風に耐えられるように、背が低くかつしっかりと張れること。
- トンネル形の出入口は、凍りついて使えなくなっちゃうジッパー式でないこと。
- 保温性を高め、テントの壁に霜がつかないようにする"フロストライナー（内張り）"付きのものもよく使われる。これは冬山用に使うテント。
- 登山用具を収納するための、玄関（前室）付きのものもある。

最近のバックパック・テント

きみをうっとりとさせるようなデザインのいろんなテントが売り出されている。軽量であること。張るのが簡単なこと。

2〜3人用ドーム形テント

レイン・フライ

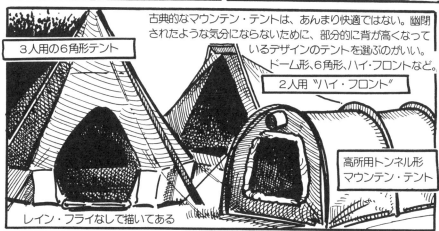

3人用の6角形テント

古典的なマウンテン・テントは、あんまり快適ではない。幽閉されたような気分にならないために、部分的に背が高くなっているデザインのテントを選ぶのがいい。ドーム形、6角形、ハイ・フロントなど。

2人用 "ハイ・フロント"

高所用トンネル形
マウンテン・テント

レイン・フライなしで描いてある

☞ P163を見よ

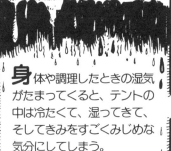

身体や調理したときの湿気がたまってくると、テントの中は冷たくて、湿ってきて、そしてきみをすごくみじめな気分にしてしまう。

だからこそ、テントや寝袋や衣類は防水加工されているべきではないのだ。これらのものは、湿気を発散させるために "息" ができるように作られているべきなのだ。

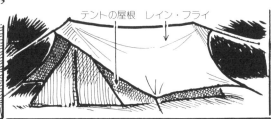

テントの屋根　レイン・フライ

湿気の問題をレイン・フライによって解決した製品こそが、いいテントの大切な条件である。レイン・フライは防水性で、テントの屋根はそうではないものがいいのである。
レイン・フライが雨や雪をよせつけないからこそ、テントは湿気を逃がすために "息" をしていられるというわけだ。

TENT

レイン・フライ

テントの屋根

壁　　　床

屋根とレイン・フライの間の空気の層が、湿気を発散させてやるのに役立つのだ……。

テントの床は、グランド・シートの役割をはたしてくれるので、ふつうは防水性である。そして床は、船底のような構造になっていて浸水しない。

夏のキャンプにだけ使うんなら、安いテントでも十分かもしれない。でも、修理する覚悟はしておかなくちゃいけませんゾ。

防虫用のスクリーンだけはやっぱり付いている製品を……。

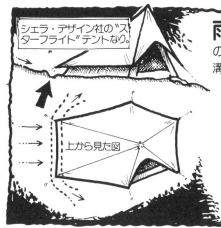

シエラ・デザイン社の"スターフライト"テントなり。

上から見た図

雨が降ってきたら、絵のようにテントの張ってある土地の、山側の斜面だけに溝を掘ればいい。しかし、むやみやたらと排水溝を掘ってはいけない。溝を掘ることは、あたりを散らかすことになる。どうしてもやむをえないときにだけ、深さも幅も10センチの溝を掘る。掘りおこした土は、溝の山側に積みあげておく。雨がやんでキャンプを後にするときは、土を元にもどしておく。

棒切れが必要になるだろう、排水溝を掘るのに……。

とんがった岩のかけらなんかはどうかな？

テントを張る前に、ひざまずいて小石や小枝なんかもきれいに取り去っておこう。快適な睡眠のじゃまをされたくはないでしょ……。

テントの中に座ったときに、頭がつかえないだけの十分な高さのあるテントを選びなさい。

ワシのように頭髪がチリチリになっちゃうよ

毎日のように移動しないんだったら、重いけど大型のバックパック・テントはそれだけの価値がある。

ぼくたちはこの"家"を愛してます…。

車を使うキャンプにはぴったりだ……。

タープ・
テント

長方形の薄いキャンバス地や防水加工のナイロン地に、結び紐と鳩目（グロメット）を取り付けたものをタープ・テントと呼ぶ。タープ・テントは、どんな形にもなっちゃう雨や風除けのシェルターである。

屋根の棟用には
直径6ミリの細びき

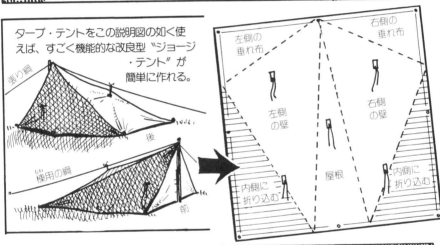

タープ・テントをこの説明図の如く使えば、すごく機能的な改良型 "ジョージ・テント" が簡単に作れる。

張り綱

棟用の綱

後

前

左側の垂れ布

右側の垂れ布

左側の壁

右側の壁

内側に折り込む

屋根

内側に折り込む

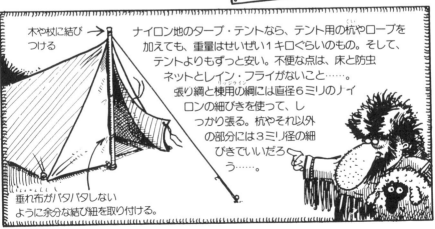

木や杖に結びつける →

ナイロン地のタープ・テントなら、テント用の杭やロープを加えても、重量はせいぜい1キロぐらいのもの。そして、テントよりもずっと安い。不便な点は、床と防虫ネットとレイン・フライがないこと……。
張り綱と棟用の綱には直径6ミリのナイロンの細びきを使って、しっかり張る。杭やそれ以外の部分には3ミリ径の細びきでいいだろう……。

垂れ布がバタバタしないように余分な結び紐を取り付ける。

36

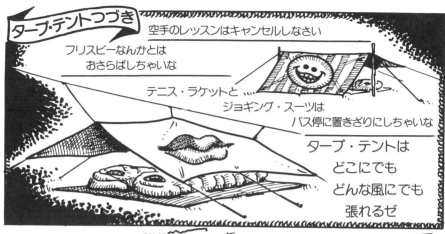

ターブ・テントつづき

空手のレッスンはキャンセルしなさい

フリスビーなんかとは
おさらばしちゃいな

テニス・ラケットと
ジョギング・スーツは
バス停に置きざりにしちゃいな

ターブ・テントは
どこにでも
どんな風にでも
張れるゼ

アメリカにおける最初のターブ・テントは西暦983年

トルコのクルディタンでジョージ・
テントみたいな建造物が発見された。
それは古代アッシリアのニネベ
やバベルの塔よりも先に造られた。

これは、先史時代の絵文字

サハラ砂漠の岩に、こんな
絵文字が刻まれていた。

アンデスのマヤの遺跡からは、奇
妙な金の物体が発見された。

これらの物は、昔のテント・ペグか、
それとも宗教的な工芸品か、はたまた
宇宙人の飛行用の器具だったのか?

キットバック
のことだよ

旅の小物

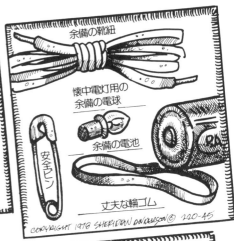

余備の靴紐

懐中電灯用の
余備の電球

余備の電池

安全ピン

丈夫な輪ゴム

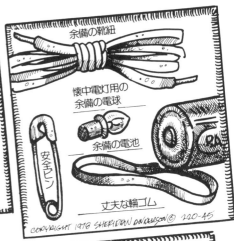COPYRIGHT 1978 SHERIDAN ANDERSON © 220-45

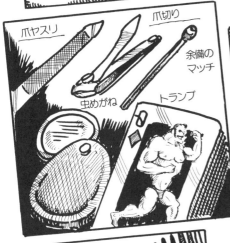

爪ヤスリ

爪切り

余備の
マッチ

虫めがね

トランプ

みんなでトレッキングに行くときは
荷物が軽くてすむ。共有できる装備
は分けて荷造りすればいい。みんな
でよく打ち合わせをして、用具が重
複してしまうのを避けるべきだ。

ケース入り
の小さな
鏡

余備の
フィルム→

KODAK

洗面キット

くし、歯ブラシ、
プラスチック容器
に入れた石鹸……

TOOTH
PASTE

タオル

裁縫キット

針

ボタン

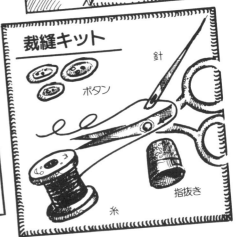

指抜き

糸

応急手当てのキット

成分に不審な点がなく、品質管理が万全である……という厳しい基準に応えつつ、なお最上級の愛らしさを持つ "ファースト・エイド・キット"（救急キット）の必需品のあれこれを、アニメーションのリストにしてここに恭しく紹介しておいた……。

ヨードチンキ

毒蛇用救急キット

絆創膏

アスピリン

ほうたい

ガーゼ

男爵は、肛門科の獣医としてきわめて優秀であり、かつまた高名でもあられるのだが、応急手当のことについては、何ひとつ存じあげていないのである。

それに、応急手当についての詳細を書くには、本教書にあと20ページ以上も追加しなければならない。もしもそんなことにでもなれば、我々が出版社から受け取ることになっている莫大な利ざやが大幅にカットされてしまうのだ。

それゆえ慈悲深い読者諸兄諸姉は、アウトドア用に書かれたマニュアル（小冊子）を、近所の登山用具店や本屋で購入するなりしていただきたい。さもなくばここに紹介した会社のカタログを取りよせて、1冊注文していただきたい。

アウトドア全般にわたるカタログ	全般ではないが、優れたカタログ
THE SKI HUT P.O. Box 309 Berkeley, CAL. 94701	SIERRA DESIGNS 247 FOURTH ST. OAKLAND, CAL. 94607
E.M.S., INC. VOSE FARM RD. PETERSBOROUGH, N.H. 03458	FROSTLINE KITS 452 BURBANK BROOMFIELD, COLO. 80020
R.E.I. CO-OP 1525 11TH AVE. SEATTLE, WASH. 98122	HOLUBAR P.O. BOX 7 BOULDER, COLORADO 80306
L.L. BEAN, INC. FREEPORT, MAINE 04033	NORTH FACE P.O. BOX 2399 STATION A BERKELEY, CA. 94702
	ROBBINS MTN. GEAR & WEAR BOX 4536 MODESTO, CA. 95352

C A T A L O G S

どこの会社のカタログを手に入れたらいいのか決めかねているんなら、オイ！　全部のカタログを取りよせてみればいいじゃないか、エッーそうだろ！

カタログのコレクションもおもしろいもんだぜ。ただし貴兄が、我々のこの大地に物を撒き散らすことに加担している、あの聖書至上主義のカルビニズムのなんとも退屈な温床の罠にとっつかまっているんならの話だが……。

料理道具の基本

必要なもののすべては、台所かさも
なくば安売り店で手に入ることだろう。
ナイフ、フォーク、スプーンなんかは
もちろん台所の引き出しから失敬すれ
ばよろしい。

☞ **P170を見よ**

プラスチックの
カップまたは
ボール

ボールはどんぶりとしても
お皿としても使える……

ふた

ふた

なべつかみ、
ブリキの缶は
シチューや
コーヒー・
ポット用に。
アルミのパン
は油物用に…

玄人のなかには、油物用に柄
が熱くならない
ちっちゃな鉄の
フライパン
を使う人も
いる。

熱のまわりがいいし、洗うの
がラクだし、使いやすい。
（ちょっと重いけどね……）

熱いナベやなんか
用の"ホット・パッド"

小さな
フライ返し。
魚やパンケーキ
をひっくり返す
ために……。

41

絵のような、小さなコショーの容器の中を仕切ってやれば自分でも作れる……。

登山、バックパッキングの専門店でなら売っている、塩・コショー振り。1個で塩とコショーが入る。

なべつかみは使いやすいものがいい。気に入ったのを買いな。

汚れたポットやパンや皿を洗うためにナイロンのたわしを持っていきな。

自分にとって必要な物も忘れないように。山の上でシャンパンを抜きたい奴だっていることだろう。まん中の小さいのはミニ缶切り。

昔 あの悪名高い〝アイガーの北壁〟を登攀されたとき、男爵は大切なピッケルを落とされてしまった。だが男爵はその時すこしも慌てず、やおらご愛蔵の象牙の〝コルク栓抜き〟をとりだされ、最大の難所である氷のクラックをよじのぼられたのであった……。

ナイフやフォークや缶切りみたいな尖った物は、このような空き缶のポットに入れて運ぶのだ。貴兄のバックパックに穴をあけたり、やぶいてしまわないための用心のために……。

スープやシチューやなんかをすくうために、ハンドルが取り外し式になった

こんなアルミニュームのオタマもある。これはフランス製なんだゾ。

缶詰めの空き缶を重ねていけば、組み込み式のポット・セットになる。
これは大小いろんなサイズの揃った素敵な料理用ポットだ。

偉大なるザンディニは、決して料理道具を持ち歩かない。
——彼は、自分の口の中で食物を調理してしまうだけだ……。

インディアンは、水がこぼれないようにきっちりと編んだウールのバスケットに水を入れ、焼け石をほうりこんでスープやシチューを煮るのである……。

シェラ・カップが欲しくなるんじゃないかな。
ベルトに吊るすことができて、すごく便利なステンレスのカップだ。

43

皿洗いについて

化粧石鹸は、体と調理用具の両方に使えるものなのだ。つまり、顔も洗えるし、ナベも洗っていい。

川や湖で石鹸を使ったり油汚れをおとしてはいけない。洗い物をしたり水ですすいだりするときはかならず川や湖からかなり離れた陸の上でやる。

〈食器洗いのコツ〉

ポットに沸かした湯でナベ、カマを洗い、水筒の水でそれをすすぐ……。

一流の森技師の第1条件は、いかに素早く火と料理が扱え、かつそれらのものを素早く片づけることができるかということなり……。

どなってあげな！汚すんじゃない。

この野郎！

怠け者のバックパッカーの法則；

汚さなければ汚さないだけ、掃除したりいじったりしなくともよい……。

☞ P174を見よ

食器を洗う石鹸をけちけちしなさい。そうすれば、すすぐ手間がグンとはぶける。昔の森人は、草やサルオガセで食器をきれいにした。

いずれにしても、渓流や湖で食器をすすいじゃいけない。

ナベや食器は、風や太陽に乾かしてもらえばいい……。

洗剤は有機分解するものだけを使う。

愚か者だけが中性（合成）洗剤を使うのだ……。

食べ物

沢山はいらない。質素にやるんなら、どうということはない。熱湯さえあればそれ以上調理する必要のない、いろんな種類の食品がある。

☞ P175を見よ

軽くて……
迅速……
簡単……な
食品や飲み物
を食事や
スナック
として。

実際のところ、スーパーマーケットでなんでも揃っちゃうだろうよ…。

スーパーマーケットをのんびり散歩してみるといい。そうすればバックパックにむいた食品が、100種類ぐらいは手に入ることがわかるだろう……。

鱒を料理するために植物油はどう？

チビリチビリやりたくないかい？

チーズはいかが？

ペット用はいらないかい？

塩・コショーもだね。

ビタミン剤と麦芽も持っていこう。

☞ P176を見よ

☞ P178を見よ

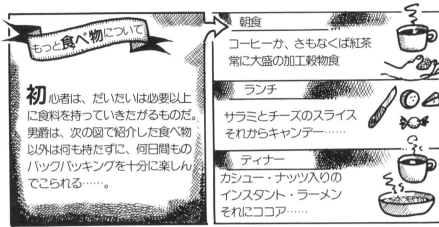

もっと食べ物について

初心者は、だいたいは必要以上に食料を持っていきたがるものだ。男爵は、次の図で紹介した食べ物以外は何も持たずに、何日間ものバックパッキングを十分に楽しんでこられる……。

朝食

コーヒーか、さもなくば紅茶
常に大盛の加工穀物食

ランチ

サラミとチーズのスライス
それからキャンデー……

ディナー

カシュー・ナッツ入りの
インスタント・ラーメン
それにココア……

炒った大豆やビーフ・ジャーキーは高タンパク質のいいハイキング食品。料理する必要がぜんぜんないし、スナックには最適……。

時には食料を他のバックパッカーと交換したり買ったりしてもいい。特に、彼らが余分な食料を持っていて、しかも帰り道なんだったら……。

 "携行食"

やきもきしたり大騒ぎするこたあーない。バックパッカーや登山者の食べ物なんか、そこいらじゅうでみつかる。ポップコーンみたいに食べられるいろんな物をミックスした携行食なんか考えてみてもいい……。
例えば——クッキー、麦芽、チョコレート、チップス、ナッツ、黒砂糖、ドライフルーツ、セリアル（加工穀物食＝コーン・フレーク、オートミール、シュレッディッド・ウィート等々）、ジェリー、揚げベーコン、乾ぶどう、ココナッツ等々……。気に入っている食べ物をミックスしておけば、水だけあれば何日でも生き残れる。

自分だけの秘密のミックス携行食を作りなさい。

☞ P178を見よ

雪や雨にとざされる森林限界の上や、焚火ができない地域へおもむくときは、料理のために軽量なバックパック・ストーブを持っていかなければならない……。

☞**P180を見よ**

スベア

ブレット

クック・ポットになるフタ

オプティマス

ホエーブス　コールマン

折りたたみ式の足

目的にかなった製品を、慎重に選びなさい。いろんな店で値段なんかも調べて……。

バックパック・ストーブは、バックパッキングや登山には必需品である。人気のあるキャンプサイトは、薪になる木なんていうのはだいたい拾われちゃってるから、焚火はできないことが多いものだ。

危険！

ストーブを扱うときには注意深く！　ホワイト・ガソリン（無添加の白ガソリン）を燃料にするストーブは特に……。

必ずホワイト・ガソリンのストーブはテントの外で点火すること。そして、テント内で使っている間は、十分に気をつけること。

火がついているストーブは入口の近くに置く。

そうすれば何かあったときには、すぐに外に投げ捨てられる。

風が吹いているときには、ストーブや焚火に風除けの壁を作ってあげればよろしい。
キャンプサイトのまわりで鼻をクンクンいわせれば、誰かが以前に作ったものがすぐにみつかるだろう。
——要領よくやりな。そして自然はできるだけあるがままにしておきな。

燃料容器がやっぱり必要になることだろう。

腐食しない
金属製の物が
さもなくば
アルミニュウム製の物を……。

☞ **P185を見よ**

じょうご

自分のストーブの注ぎ口にぴったりする小さなものを……。不純物をこすフィルター付きの製品も売られている。

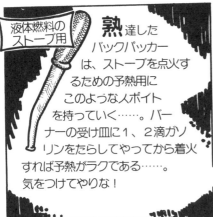

液体燃料の
ストーブ用

熟達した
バックパッカーは、ストーブを点火するための予熱用にこのような人ポイトを持っていく……。バーナーの受け皿に1、2滴ガソリンをたらしてやってから着火すれば予熱がラクである……。
気をつけてやりな！

転ばぬ先の杖……。
説明書をじっくり読むこと。

48

少年少女よ、森林レンジャーの帽子なんかをかぶって悦に入っている毛むくじゃらの大男につける薬はないのだよ。低能で、粗暴で、白痴なあんな脱腸野郎にかぎって、不注意なキャンパーよりもよっぽど山火事にたいして無頓着なんだ。

☞ P186を見よ

できるだけキャンプ指定地のファイヤーサイト（焚火場）を使うようにしよう。やむをえないときには、新しいファイヤーサイトの回りの燃えやすいものをきれいにかたづけてから焚火をすること。

最低
1.5メートル

風のなかで焚火をしてはいけない。

たき木には枯木だけを使う。それも枯れて倒れた木だけ。

生きている木でも、枯れた下枝は使ってもよろしい。

大きくて立派で、たった1本だけで立っている孤高の枯木は、そのままにしておこう。

火を起こす

火を起こすときには、最初に使う焚き付けがものをいう。細い乾いた枝、松葉、木の皮なんかがいい焚き付け。
あれこれ経験することで、何が燃えやすいいい焚き付けになるか、少しずつわかってくることであろう……。

焚き付けが威勢よく燃えてきたら、だんだん太い枝をくべていく。少しずつゆっくりと枝をくべていくのがコツだ。1度に枝をたくさんくべるとなかなか火が燃え上がらない。太い枝や丸太は焚火が完全に起きてからくべるようにする。

COPYRIGHT © '78 SHERIDON ANDERSON # 31-212

でっかい焚火は、お祭りや一揆のときだけにするように……。薪があるからって、ガツガツしちゃいけない。

風のないときなら、危険な炎や火花は真上にあがっていく。気温が高いときは、この炎のゾーンはより高くより幅広くなる。だから、木立や枝の下で焚火を起こしてはいけないのである。

森技師は、けっして大きな焚火をたかない。彼の焚火はほどよい大きさである。そうすれば、薪の補給がラクだし安全でいつまでも火をたやさないでいられるから……。

焚火

男爵の方法について

OOOH!
OOOOH!
OOOOH!

羚羊（アンテロープ）の舌
をそえた、茹でたての鶴の卵料
理の大きな皿が……男爵のために
今まさに運ばれようとしている…
…、なんて冗談をいっている場合
である。

おき火が赤々と火床にたまってくる
まで、焚火を燃やし
ておく。料理のために
はこのおき火が
何よりなのだよねえ。

COPYRIGHT © 18 SHERIDAN ANDERSON # 98-213

焚木の下の火床から熱いおき火をド
ンドンかきだしておき火
だけのベッド
を作りなさい。

このおき火のベッドの上におナベを
のせて、シチューなんかをコトコト
じっくり煮る
のである……。

おナベを移動させたり、おき火をた
したりして、火力を調節するので
ある。まっ黒にすすけたナベや
ポットは、貴兄の旅の記念、

というもんだ。
料理道具がみん
なまっ黒になっ
てしまったって、なに、じきに慣れ
てしまうさ。

もっと　焚火を…

86

男爵の教え：自然のなかでは貴兄が消防団長──。森と、そこにすむすべての生き物の安全は、貴兄の手中にあるってことを忘れちゃいけないゼ。

CAREFUL!

素手でおき火をつかんで、手で握りつぶして灰にできなきゃ、焚火は消えてない証拠……。

ガソリンの燃料ボトルは、焚火やストーブから離れたところに置いておきましょ。

火がついているストーブを、他のストーブのそばに置くのもよくありません。

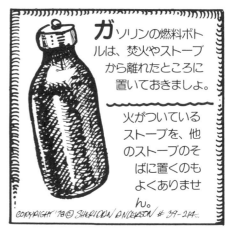

COPYRIGHT '78 © SHERIDAN ANDERSON # 39-214...

蠟燭（ろうそく）は、照明としてばかりではなく、テントを暖房するのにも粋なものだ。
しかし、蠟燭は油断をしているとすぐに倒れてしまう。絵のような燭台を用意しなくっちゃ。

☞ **P187を見よ**

この幸福なワンダラー（彷徨者）は、消えた焚火の床の上で、今、自分のハイキング・ブーツを乾かしているところであります……。

← ツナの空き缶

52

浪費、ということが今日のアメリカでは、とてつもなく厄介な問題になっている。我々はどうして、そうじゃなかった時代のように慎ましやかな生活にもどれないのだろう。とはいっても、これはやっぱり難しい問題だろう。けれども今、我々がこの無駄使いのナンバー1だというのなら、どうしたらナンバー2になれるかを学ばなければならない。そして、バックパッキングがそのことのヒントをきみに教えてくれるだろう。

トイレの問題をどうするかは、あの古くからの仲間である熊のバーニーにでもきいてくれ。しかし、川や湖や歩道やキャンプサイトからはずっと離れたところで用を足さなければならない。

蠅がこないように、土や石をかぶせて始末しなさい。心をこめて上手にやらなくちゃいけない。美学的なセンスもまた重要視されるべきである。

☞ **P189を見よ**

トイレット・ペーパーは、いまだなおバックパッカーの隠れた必携品である。なにか自然のなかに代用品がないかどうか、すぐに検討すべきである。

話はちがうけど、バックパッカーはロバなんかに目をつけてもいいんじゃないかな。このバックパックが得意な動物は、2週間分のすべての道具や食料を運んでくれる。

旅にでる前に、ロープの結び方を勉強しておくべきだと男爵はおっしゃっておられる。ロープの端を止めたり、結んだり、輪を作ったり、つないだりは、重要な必須教科である。

ロープや紐は、綿、牛の生皮、亜麻、シサル麻、大麻、マニラ麻、植物のツル、馬の毛、レーヨン、ナイロン、ポリエステル、それからダクロンなどでできている。

バックパッカーや登山者は、たいてい化学繊維の製品を使っている。

アメリカでは、ナイロンのロープがバックパッカーの間では主流をしめている……。

繕りロープ

編みロープ

帯紐ロープ

COPYRIGHT 1978 © SHERIDAN ANDERSON #16.

ロープの端がほどけないように細い紐を巻きつけることを端止めという。

この細紐は実際よりもかなり太く描かれている

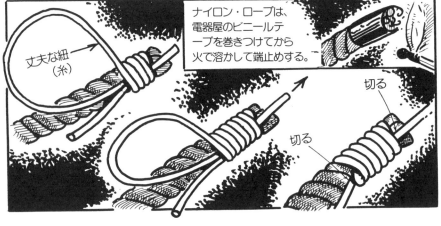

丈夫な紐→（糸）

ナイロン・ロープは、電器屋のビニールテープを巻きつけてから火で溶かして端止めする。

切る

切る

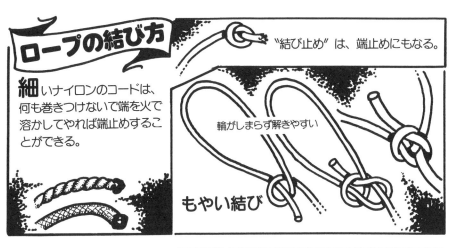

ロープの結び方

細いナイロンのコードは、何も巻きつけないで端を火で溶かしてやれば端止めすることができる。

"結び止め" は、端止めにもなる。

輪がしまらず解きやすい

もやい結び

メガネ結び

結ぶのも解くのも早くて簡単な方法

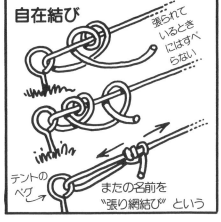

自在結び

張られているときにはすべらない

テントのペグ

またの名前を "張り網結び" という

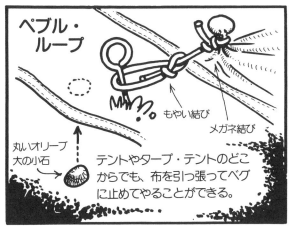

ペブル・ループ

もやい結び

メガネ結び

丸いオリーブ大の小石

テントやタープ・テントのどこからでも、布を引っ張ってペグに止めてやることができる。

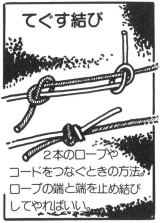

てぐす結び

2本のロープやコードをつなぐときの方法。ロープの端と端を止め結びしてやればいい。

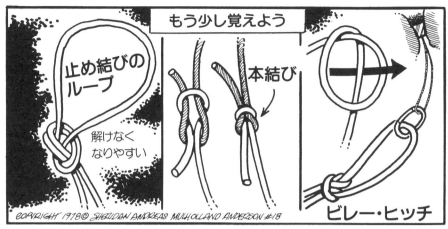

もう少し覚えよう

止め結びの
ループ

解けなく
なりやすい

本結び

©OPYRIGHT 1978© SHERIDAN ANDREAS MULHOLLAND ANDERSON #18

ビレー・ヒッチ

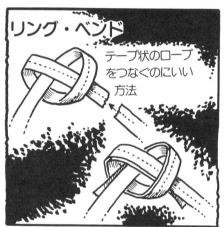

リング・ベンド

テープ状のロープ
をつなぐのにいい
方法

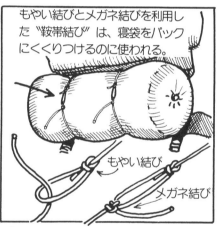

もやい結びとメガネ結びを利用し
た "鞍帯結び" は、寝袋をパック
にくくりつけるのに使われる。

もやい結び

メガネ結び

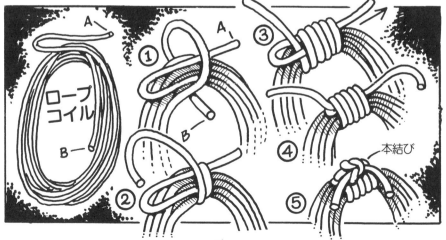

ロープ
コイル

A

A

①

B

②

③

④

⑤

本結び

56

旅の支度

貴兄が持っていく、すべての道具と食料のリスト（表）を作成することをすすめる。たった1本の歯ブラシの忘れ物が、旅の途中できみを気違いにすることだってありえるのだから……。

分かりやすいチェック・リストは、とても重要なバックパックの道具だといえる。パックに荷造りするときに、チェック・リストはすごく役立つことだろう……。

SHAKEDOWN CRUISE
慣らし運転

初心者は、最初の行進は日帰りのトレッキングから始めたほうがいいと、男爵はアドバイスしておられる。ラクで余裕のあるスタートこそが、やがてきみを荒野のエキスパートに育てあげることだろう。

荷物をパックに詰め込む前に、グランド・シートを敷きその上に道具類を全部広げてみるのはいいアイデアだ。

きみはきっと、将来の楽しみのためにその場面を写真に撮っておきたいと思うことだろう……。

ハイキング用杖

バック（スタッフ）

小さなデー・バック※

寝袋

スタッフ・バック

フォーム・パッド

グランド・シート

テント※

帽子

目出帽

サングラス（ケース付）

バンダナ

ハンカチ

シャツ

ズボン

ベルト

下着

靴下

靴

余備の靴紐

スリッパ

ジャケット

スェーター

ポンチョ、または雨具

ゲートル（スパッツ）

手袋

水着

汗止め粉※

接着テープ※

ポケット・ナイフ

懐中電灯

電池

マッチ

防水の容器

ろうそく※

着火剤※

磁石※

地図※

防虫薬

リップ・クリーム※

日焼止めクリーム※

水の洗浄剤※

塩の錠剤※

応急手当キット※

常備薬

余備のナイロン・コード※

裁縫キット※

トイレット・ペーパー

石鹸（容器）

歯ブラシ（容器）

歯みがき剤

クシ

懐中鏡

ふきん

タオル

ストーブ※

燃料／容器※

じょうご※

水筒

カップ

ボウル

ナイフ

フォーク

スプーン

料理用ポット／フタ※

フライパン／フタ※

※印は、荷を軽くするために共同装置にできるアイテム

ナベつかみ（グリッパー）※
ナベつかみ（ホールダー）※
塩、コショー振り※
缶切り※※
食器用洗剤※
食料※※
ビニール袋※
輪ゴム※
食料袋※
食料を吊り下げるコード※

→ 付加的な用具
と遊び道具

カメラ
フィルム
釣り道具
双眼鏡
単眼鏡
温度計
高度計
虫めがね
本やガイド・ブック
アルコール
クズ入れ用ビニール袋
トランジスタ・ラジオ
鉛筆
便箋
封筒
切手
ギター／ハーモニカ
愛犬用パック

荷物は、できるだけ用途別にまとめておく。また、ちょくちょく必要になる物は、素早くラクに出し入れできるようなところに詰めこむ。事に当り、素早く荷が取り出せるように心掛けること。いつもゴチャゴチャに詰め込まずに、収納する場所をだいたい決めておく。

帰 路にあるハイカーに託せば、旅の途中でも手紙を送れる。また友好的なバックパッカーに手渡してもいい。

☞ **P190を見よ**

いかに歩くか

体の調子がよくないときには、特にゆっくりとラクに歩くようにする。

歩きっぷり（ペース）が肝心。数時間歩き通せる、しっかりとしたリズミカルな歩調に慣れること。破れかぶれの捨て身な歩き方をしないこと。これが歩き方の基本ですゾ！

ゆっくりとした歩調では、マメはできにくい。なんとなれば、ブーツのなかで発生する熱が少ないからである……。

下り坂の歩行は全身に衝撃がかかる。特に膝には衝撃力が集中する。

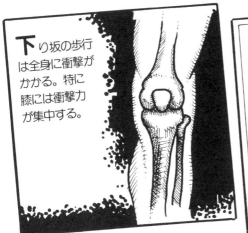

上り坂の歩行は、足、心臓、肺の健康診断の場である。特に、標高の高いところで重い荷を担いでいるときは、なおさらである……。

"第2の風"

苦しい歩行を2～3時間も持続した後では、身体に推進力がついてきて、その余力で突然みちがえるようにすごい勢いで歩けるようになる。大脳の命令でエンド・フィンも分泌され、歩くことが苦痛ではなくなるのだ。そうすれば、きみは昔のあの活動写真のように素早く歩けるようになるだろうよ。

☞ P192を見よ

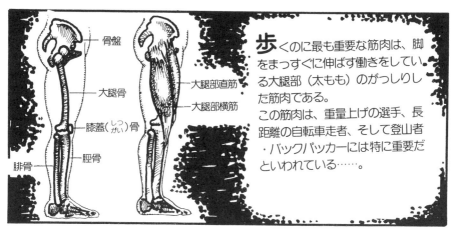

骨盤
大腿骨
膝蓋（しつがい）骨
腓骨
脛骨
大腿部直筋
大腿部横筋

歩くのに最も重要な筋肉は、脚をまっすぐに伸ばす働きをしている大腿部（太もも）のがっしりした筋肉である。

この筋肉は、重量上げの選手、長距離の自転車走者、そして登山者・バックパッカーには特に重要だといわれている……。

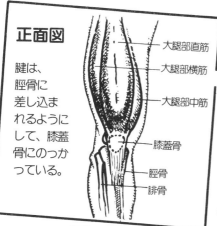

正面図

腱は、脛骨に差し込まれるようにして、膝蓋骨にのっかっている。

大腿部直筋
大腿部横筋
大腿部中筋
膝蓋骨
脛骨
腓骨

苦しい登りの
歩き方

ステップとステップの間に、呼吸するために間（ポーズ）をとるようにしなさい。このポーズをとるように心掛けることで足も疲れにくくなるものだ。

初心者は、歩幅を小さくして歩き始めることをすすめる。

① 谷側の足に、重心がかかったときにポーズをとり、山側の足で、バランスをとる。

② 体を前方に傾け、山側の脚をまっすぐに伸ばすことで山側の脚に重心を移していく。

③ 繰り返し

自分自身の正確なペースというものを学んでいれば、何度も何度も休憩する必要はない。その上、一度だらけてしまうと、筋肉はもとのようにかたくなってしまう。そうなったら、また最初からやり直さなければならないが、もう一度筋肉を柔らかくするのは気が狂うほどウンザリする……、ということを忘れないように。

休憩なしで1、2時間歩きつづけることができないようなら，きみのペースは速すぎるのだヨ。ペースをスロー・ダウンせよ！熟練したハイカーというものは、休みなしで数時間も歩きつづけることができる……。

喉の渇きをいやすために、インディアンのランナーは丸い小石を両ほほにほほばって走った……。

そんなことはしたくないって言うんなら、"小枝"をしゃぶったらどうかな……。

喉の渇きは、少量の水を口にふくんで、すぐに飲みこまないでそのままにしておけば、たいていはいやされる。この方法はまた、水が乏しいときにも効果的なことを報告しておこう。

ビニールのシートを敷いてから、その上にきみの高価な新品のテントを張るのは気がきいているかもしれない。湿気がはい上ってこない分、きみのテントを長持ちさせることだろう。

リップ・ストップのナイロン地なんかを敷くのもまたいい考え……。

梨の缶詰めの空き缶とポット・グリッパーでいいクック・ポットが。

長持ちするし、値段も適正！

フタは
安売店で
みつけてくる。

COPYRIGHT © 1978 SHERIDAN ANDERSON #25-199

きみの羊は、いつもキャンプの

風下に

つないでおくこと。上等な草地なら言う事なし……。

風

キャンプ

草(グラス)のお話しをしておこうか……少年少女よ。空気が乾燥していて山火事の危険が高いところでは、けっしてやっちゃあならない……。
親愛なる森林警備隊員や公園のレインジャーにまずはきいてみてからにするこった。そういうことのためにこそ彼らはそこにいるんだから──。
（これはアメリカのお話し、何のことだか分からない人は気にしないこと─訳者注）

森技師のエキスパートは、磁石や地図さえも持たずに旅をつづけることができるものなのですゾ。長年の経験の積み重ねによって、彼は自分がいつもどこにいるのかわかっているのですよ。太陽や星の位置、境界線などを示す標識、川の流れ、はたまた風向き、そしてまた、何かその他の自然の道案内を理解していることで、けっして道に迷わない……。

とは言っても、曇空のもとの深い森の中では、いくらエキスパートといえども方向を知ることはできない……。

──そこで、正確な方向を知るための小道具として必要なんじゃヨ、
地図
と
磁石が……。

磁石は、真の北─北極を知らしめてくれるのですゾ……。

磁石の針は、正確には磁極を指している。磁極は、真の北極よりもおよそ2091キロメートル南を指している。

磁石の目盛りは360度に分割されている。そして〝偏差〟は、北極と磁極間の度数として表わされる。けれども、真の北極と磁石の指す磁極が同じ場所が数ケ所ある。

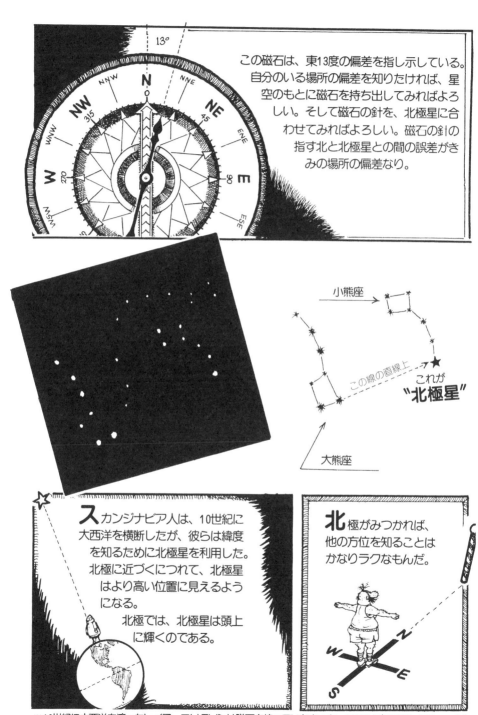

この磁石は、東13度の偏差を指し示している。自分のいる場所の偏差を知りたければ、星空のもとに磁石を持ち出してみればよろしい。そして磁石の針を、北極星に合わせてみればよろしい。磁石の針の指す北と北極星との間の誤差がきみの場所の偏差なり。

13°

NW   N   NE
315   45

W   E
270   90

小熊座 →

この線の直線上

これが
"北極星"

大熊座

スカンジナビア人は、10世紀に大西洋を横断したが、彼らは緯度を知るために北極星を利用した。北極に近づくにつれて、北極星はより高い位置に見えるようになる。
　北極では、北極星は頭上に輝くのである。

北極がみつかれば、他の方位を知ることはかなりラクなもんだ。

N
W   E
S

※10世紀に大西洋を渡ったレイフ・エリクソンは磁石を持っていなかった。コロンブスは持ってた。　**61**

65

昔からの投影法も、北をみつけるいい方法。
何か背の高い棒みたいな物の影の端に印をつける。それから約1時間ほど待って、もう1度、影の端に印をつける。

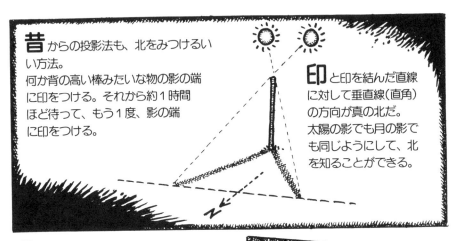

印と印を結んだ直線に対して垂直線（直角）の方向が真の北だ。太陽の影でも月の影でも同じようにして、北を知ることができる。

簡単な図で説明するとこうなる。これは上からみた図；

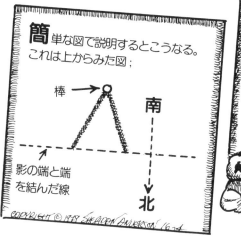

棒 →

南

影の端と端を結んだ線

北

人々はこういったことに無関心になってしまったので、北がどっちなのか今では誰も知らない。

そんなこと俺の知ったことかい。俺たちゃ、この裏に住んでるんだぜ！

もっとも、方向なんてたいして重要じゃないのかもしれない、今じゃネ。デブのこのフレディは、北がどこなのか知らないばかりじゃなくて、この3日間というもの自分の左足の靴がどこへいっちゃたのかも知らないんだから……。

地図

政府が発行している "地形図" がバックパックには最適。地元のバックパック屋で手に入る。また地図の読み方の手引書や入手法を U.S. Geological Survey Center に手紙で問い合わせてみるのもいい。

〈日本では建設省国土地理院が発行。全国主要都市の特定販売代理店（多くは書店）で売られている。社団法人地図協会（東京都渋谷区神泉町8－2）財団法人日本地図センター（東京都目黒区青葉台4－9－6）で通信販売している〉

ミシシッピーよりも西；
DISTRIBUTION SECTION
U.S. GEO. SURVEY
FEDERAL CENTER
DENVER, COLO. 80225

ミシシッピーよりも東；
DISTRIBUTION CENTER
U.S. GEO. SURVEY
1200 S. EADS ST.
ARLINGTON, VA 22202

☞ P194を見よ

政府発行の地形図にはこの図のように偏差が表示されている（地理院発行のものは右側余白の記号表の下）

10°
真北　磁北

COPYRIGHT © 1979 SHERIDON ANDERSON #-16-1

地形図は一種の解説図なのである……。
何度か経験をつめば、そんなに苦労しないで地図を読むことができるようになる。

谷、山、その他の地形は、"等高線" で表現されている。左下に描いた等高線は、右側のような山を表現しているのですゾ！

180
160
140
120
100
80

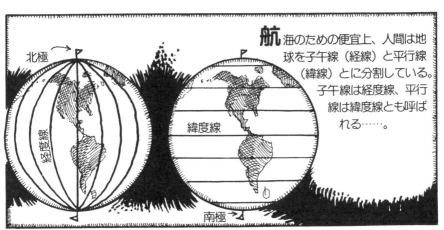

航海のための便宜上、人間は地球を子午線（経線）と平行線（緯線）とに分割している。子午線は経度線、平行線は緯度線とも呼ばれる……。

北極

経度線

南極

緯度線

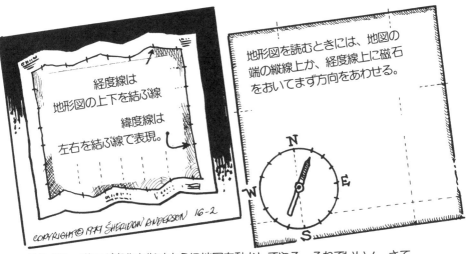

経度線は地形図の上下を結ぶ線

緯度線は左右を結ぶ線で表現。

COPYRIGHT © 1969 SHERIDON ANDERSON 16-2

地形図を読むときには、地図の端の縦線上か、経度線上に磁石をおいてまず方向をあわせる。

N

W   E

S

それから、磁石が真北を指すように地図を動かしてやる。それでいい！　さて、広大なミズリー州を横断し、リビングストンをさがして、エルドラドにたどりつく準備がこれで完了した。

地図に慣れるための素敵な方法は、自分自身のための地図を作ってしまうことだ。釣りの穴場とか自分のキャンプサイトなんかの場所を示す印をどんどん書きたしてしまうことだ。

自分の地図を作成するときには、釣りの穴場やキャンプサイト、ヌード・ビーチだけを書きこむもんだなんて決めつけないほうがいい。ゾウの墓場とかインカの財宝、失われた文明、オランダ人が隠した金貨、それから黒人の魔教であるブーズー教の儀式が行われた聖地みたいな………、エキゾチックだったり変な所も書きこんだ方がいいヨ！

手書き地図用の標号

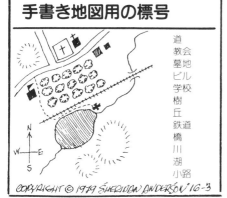

道
教会
墓地
ビル
学校
樹
丘
鉄道
橋
川
湖
小路

COPYRIGHT © 1979 SHERIDON ANDERSON 16-3

もっと
地図の
標号を

樹
電線
道
橋
池
島
川
小路
絶壁
鉱山
垣根
湿地
泉

時計を磁石に

時計を水平にして、時計の短針を太陽の方角に合わせる。短針と文字盤の12とが作る角度を2分割した線の延長線上が真南だよ。昼間、太陽があるうちならいくらでも役に立つということだ。短針と1時との角度を2分割してごらん。利口なやり方だろ、エッ？　自分で試してみなよ……。

手慣れの探検家というものは、いろんな地形の目標物になるものの相互関係に気をとめながら、いつも周囲を注意深く見回している。

四方の地形をジロジロみつめることは、道に迷わないためのうまい方法なのだ。

黄昏時や視界が悪いとき、例えば雨や雪や霧や靄やひどい曇空や砂嵐、そして日食のときなんかは、なお一層の用心をして方角を見失わないようにするのですゾ。

突然、道に迷ったことに気付いたからって……

慌てちゃいけない

心を落ち着かせて頭を使いさえすれば、迷ったからといってもなんとかなるものだ……。

たいていの場合、どうしたらいいのか分からない情況というのはすぐに去っていくものだ―。来たところをひきかえせば、すぐに道がみつかるだろう。さもなくば大声をはりあげれば親切な声が返ってくるだろう。

あるいはそのままじっとして、助けを待ってもいい……。

鉈目（なため）とケルン

理屈では、踏み跡に目印をつけるには、木に
鉈目をつけたり石をアヒルみたいに積むの
であるが……。

ケルン

鉈目

こういう目印がいつも信用できると思っちゃいけない。
きみみたいな青二才が開拓者ごっこをやっては、でたらめの印を作っ
たりするからね……。

気のきいた目印というものは、踏み跡がはっきりしなかったり、実際は無いに
等しかったりするようなやっかいなところでは、非常に有難いものだ。こういっ
た状況では、目印を見落とさないようにするだけではなく、どんな小さな踏み跡
にも気を配らなければいけない。
また、いつも磁石の指す方角を確かめ、自分の進む方角の地形上の特長にも神経
をとがらせていなくちゃいけない……。

天候, 雪etc……

劇的で、なおかつ狂暴な風のせいで、山岳地域の天気を予測するのはすごく難しい。しかしながら、エキスパートのトレッカーや登山者は、天候を読みとる驚くべき勘を養っているものだ。

息子よ
牧場を修繕
したがよか
ろう……

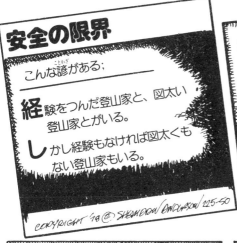

安全の限界

こんな諺がある;

経験をつんだ登山家と、図太い登山家とがいる。

しかし経験もなければ図太くもない登山家もいる。

技術と経験とが、荒野でのアドベンチャーにつきものの危険を最少限のものにする……。

HE ALMOST MADE IT

日中は、暖かくて湿った谷間の空気が山肌を山頂へと上昇していく。そして、山の冷たい空気と遭遇する……。

①

すると暖かい空気は凝縮するので、雨雲を造っていく……。こういった状態は、すごくヤバイ。

②

山岳地帯の雷雨は、南北戦争で南軍が撃退されたゲティスバーグやナポレオンがロシア軍をやっつけたアウテルリッツの戦いにたとえられる。

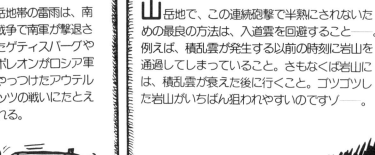

山岳地で、この連続砲撃で半熟にされないための最良の方法は、入道雲を回避すること——。例えば、積乱雲が発生する以前の時刻に岩山を通過してしまっていること。さもなくば岩山には、積乱雲が衰えた後に行くこと。ゴツゴツした岩山がいちばん狙われやすいのですゾ——。

ストライク

——その瞬間電流があたりに流れ……

そして抵抗の少ない線上を電流が走り抜けていく……。

悪い体勢

こういう地形でのこの体勢は、地面を流れる電流にビュッとやっつけられる危険が大……。

COPYRIGHT '78 © SHELDON TOWNSEND 126-51

そう！このお方のように、穴みたいになったところに身を隠すのが正しいのですゾ——。

絵のような岩の庇の中もまたよろしい……。

雷について

雷の電流を避けるには、地面と接触の少ない平らな石の上にこのように座っているのがいい——。乾いた衣類、寝袋、または登山用のロープなんかを敷けばより安全になる。そして両足を揃えて座り、手は地面から離しておく。

COPYRIGHT 78 © SHERIDAN ANDERSON 77/32

ごろた石の堆積した斜面はわりと安全。でも独りでポツンと突っ立っている大きな岩は避けたほうがいい。

稲妻は、地面に突っ立っている背の高い物を熱愛している。木や尖塔のような山頂や、それからきみのバックパックの金属性のフレームなんかが大好きである。

矢印の場所はまあまあ安全なところ……。

しかし、保障の限りではない！

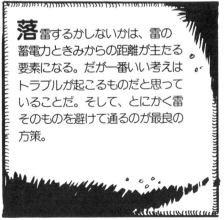

落雷するかしないかは、雷の蓄電力ときみからの距離が主たる要素になる。だが一番いい考えはトラブルが起こるものだと思っていることだ。そして、とにかく雷そのものを避けて通るのが最良の方策。

山の天候のその他の楽しみと喜び

尾根を吹き抜ける風は、時にはきみのバランスを失わせるに十分なほど強烈ですゾ。

アラスカのマッキンレー山の上だったら、人間を吹き飛ばしちゃうことだってある。

強風のもとでは、きみのテントが流離いの旅にでないように、余分なペグや張り綱でガッチリ固定してやる必要がある。

夜間には、山背風が窪地や渓流に沿って山から吹き下してくる。だからそんな場所にキャンプを張るのは避けたほうがいい。大岩や木立の風下なんかにテントを張るようにする。

熊について

グリズリー

北極熊やアラスカ熊にでくわすなんてことはまずはありえない、ふつうのバックパッカーのフィールドでは。グリズリー（灰色大熊）もめったにはお目にかからない。しかし、ちょっとその姿を垣間見ただけで忘れられなくなるだろう。アメリカ黒熊は、最も頻繁に姿を現す招かれざる客である。

黒熊

グリズリーは、背中のコブ、前足の長い爪、それから角ばった顔付きといった点でブラック・ベアと区別できる。

ブラック・ベアは、その大きさや色がさまざまで、体重は90キロから225キロまで、毛色は黒、茶色、シナモン（肉桂色）、黄色、白と銀というふうにいろいろ。

重さ比べ

黒熊	
最大	225kg
シベリア虎	
最大	270kg
グリズリー	
最大	383kg
北極熊	
最大	720kg
アラスカ熊	
最大	810kg
（陸上最大の猛獣）	

熊は頭がよく、融通がきく動物。キャンプ場によく出没する熊は、全く大胆で、危険だ。特に食料を狙っているときには。食料を盗まれたり危害をおよぼされたりしないための手立を構じておくことが必要ですな。

熊は食物に対して鋭い嗅覚を持っている。多くの熊は、パックやテントやクーラーのそばには食物があるってことを経験で知っている。または型破りな考えを持っている。何が食物かってことに関しては歯みがきのペーストを狙うこともあるのですゾ。

TOOTHPASTE

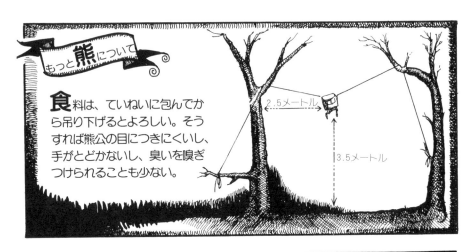

食料は、ていねいに包んでから吊り下げるとよろしい。そうすれば熊公の目につきにくいし、手がとどかないし、臭いを嗅ぎつけられることも少ない。

2.5メートル

3.5メートル

6ミリの太さ、長さ30メートルの紐がパックや食料袋を吊り下げておくのに便利。石や木切れを結んで高くほうり上げて紐を枝にかけるのである。

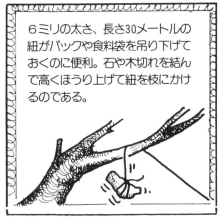

食料を吊り下げておけば、熊ばかりではなく、アライ熊やマーモットに食料を盗まれたり、パックをメチャクチャにされることの予防になる。

たいていの所では食料は袋やスタッフバッグに詰めて吊り下げればいい。そしてパックは地面に置いておけば、道具類を取り出したりするのに都合がよろしい。

地面に置いたパックは、開けっぱなしにしておいたほうがいい。そうすれば、熊はパックを引き裂いたり引きちぎったりしないで、好奇心を満足させることができる。

苦笑いしてもう少し我慢

たいていの熊は、手に入れるべき食べ物がないんだと思えばすみやかに立ち去っていくもんだ。だから食料は、キャンプサイトから離れた所に吊りさげておくぐらいの知恵を働かせなくちゃいけない。あの〝老エフライム〟を騙したいつもの簡単な策略だヨ。

もしもこんな奴に出くわしたら、きみのトマトビーフ・チャーメンから目をはなさないように……。

万一の場合……

野生動物は火をこわがるもの……夜には、熊はふつう（そうじゃない奴もいる）明るい懐中電灯やランタンの明りには近づいてこない。

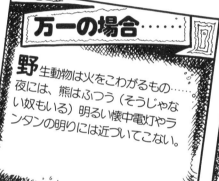

でっかい音をたてることは、毛むくじゃらの訪問者を撃退するにはなかなか効果的。
しかし、いつもそうだとは限らない。

厳禁！
熊に物を投げつけちゃいけない！

厳禁！
仔熊に近づいちゃいけない！

厳禁！
グリズリーを威嚇しようと思っちゃいけない！

厳禁！
熊の耳に息を吹きかけちゃいけない！

信じようと信じまいと！

熊は、自分が欲しい食物を手に入れるための知能テストでは、チンパンジーなんかよりもよっぽどいいスコアーをだす。

熊についての追加事項etc……

大人のグリズリーは木に登れない。危険を感じたら木立をめざしなさい。安全圏に逃げこむための時をかせぐためにパックを放り出しなさい。生け贄になったパックはまた買えばいいけど……。
もしもつかまってしまったら、頭をかかえこんで死んだふりをしなさい。そして祈りなさい。ひょっとしたら、ちょっとばかり噛まれたり、ひっかき傷をつけられるだけで生き残れるかもしれない。

狭い路（トレール）の曲り角なんかで運悪くグリズリーと鉢合わせしてしまって襲われるかもしれない。小さな鈴をパックやベルトに付けておけばきみが近づいたことを熊に知らせてくれる。
たいていの野生熊は人間を避けるものだ。

雄のムース（ヘラジカ）は内気者だ。しかし、怒ったムースは、土曜日の夜のティファナの街よりもきみをびっくりさせるだろう。

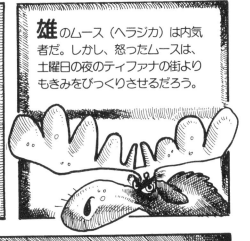

蚊の襲来にご用心

地面が湿って、水溜りがたくさんできる晩春は、蚊の猛威の絶頂期である。大地が乾く盛夏か夏の終りまで出発を延期したほうがいいかもしれない。さもなければ、蚊の群に襲退されるか、防虫ネット付きのテントの中でただじっと座っていることになるだろう。

川を渡る

川の中を歩くのが嫌なときには、丸太を倒して両股開きで川を渡っても違反にはならない。

棒をしっかりと川底に突き立て、用心しながら移動していく。

急流を渡るときには、バランスを保つための手頃で丈夫な棒や杖を物色しなさい。川を渡るときに、ロープで身体を縛ってはいけない。

流れを直角に渡渉できないことがよくある。そんなときは流れの浅瀬を斜めに下流か上流に向かって渡る。絵のような曲った流れでは、点線の部分が浅瀬になっている。
流れを上手に渡渉できるようになるまでには、多くのトレッカーは1度や2度は冷たい流れで水浴することになっている。

淵

流れ→

淵

その他の危険

辺境の森には、蚊の大群団、雪崩や落石、突然の洪水、狂暴なチップマンクス（シマリス）、追剥まがいのヒッピー集団、発狂した出っ歯の山男、醜悪な得体の知れない動物、それから乱暴な酔っぱらいの登山家なんかがうようよしている。

野良猫、黒いアブ、コウモリ、動物の糞、それに変な帽子をかぶった不思議な生き物。まだまだあるゼ……。

COPYRIGHT '78 © SHERIDAN ANDERSON # 40-215

群れていることが好きな熊、身の毛のよだつ野獣の寝床、素裸の2人連れの男、落とし穴、5キロ以上ものでっかい野うさぎ、古井戸、頑固者、焚火の火を一日中みつめている変人、どこを捜してもみつからなくなってしまった椅子……等々。

それに見渡す限りのこの広大さ……よ、

もしも遭難したら、ヘリコプターや照明弾なんかがやっぱり必要でしょうネ。

82

SNOW

このいくぶんなりとも野蛮な技術の様子について、ちょっと触れてみることにしましょう……。

まあ普通の場合には、分別ある正気の人間が雪にとざされるのは、気まぐれな吹雪とか予期しなかった出来事などといった緊急事態が発生したときに限られるものだと確信してはいるんですがネ……。

☞ **P202 を見よ**

遭難というものは、パニックが起こったときにやってくるものなのですゾ。そんなときには荷物をほうり投げて一刻も早く嵐から逃げようとしたりするのだ。

そんなときには、雪の中にもぐりこんで天気が回復するのを待つのがなによりである。

テントの中にもぐりこんで、じっとしているのが一番。

男爵の教え；
風を避けなさい！

たとえ微風であっても、風がすべてを凍らせる条件を作るのだ。風が体感温度をドンドン……。

83

イグルーは居心地のいい避難場所<small>シェルター</small>。でも、イグルーを作るのは時間がかかるし熟練を要する。

緊急事態が発生したときには、機敏な対処が要求される。ビバーク用のシェルター（緊急時用の簡易テント）は、雪や風をさえぎるのに役立つ。

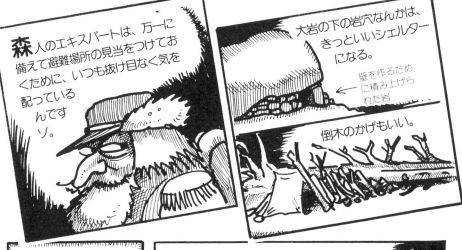

森人のエキスパートは、万一に備えて避難場所の見当をつけておくために、いつも抜け目なく気を配っているんですゾ。

大岩の下の岩穴なんかは、きっといいシェルターになる。

← 壁を作るために積み上げられた岩

倒木のかげもいい。

暗くなる前にシェルター作りにとりかからなくちゃいけない。シェルターを作るための材料をかっぱらってきたり、それを組み立てる時間がきみには必要である。

ヤブや木や岩やシェルターの上に積もった雪は、シェルターを密閉する役目をして、外気を遮断する。

松のような柔らかい木を折って、寄せ集めるようにして立てかけてやれば "差し掛け" 式のシェルターができる。

寝床（ベッド）は、枯れ草、枯れ葉、松葉、木の皮なんかで作れる。
生きている松の大枝を切ればベッドになるし、いい断熱材でもある。でも生木を利用するのは、せっぱつまった緊急時だけに限る……。

ひょっとしたら洞穴がみつかるかもしれない。そしたら焚火を起こせる。

もしかしたら、何だかすごく奇妙なところにじっと座っていることになるかもしれない。

雪の吹き溜り　　　　　　　　　岩

換気が十分かどうか確かめること

雪洞は、しまった雪の土手や吹き溜りに掘ることができる。手やアイスアックス（ピッケル）やナベや棒や岩などなんでも利用して掘ればいい。ろうそくやキャンプ・ストーブがあれば寒さを和らげることができる。
　もしもその雪洞が十分に大きなものなら、平らな岩の上で小さな焚火を起こすことができるかもしれない。

換気口　→

道具類や登山ロープの上に腰かける

"ビバリー氏の箱型雪洞"

雪の土手に雪洞を掘るんなら、1人用か2人用のシェルターになるこの箱型の雪洞が好きになるんじゃないかな。

そのためには、こういうアルミニュウム製のバックバック用スノー・シャベルがひとつあるといいんだが。

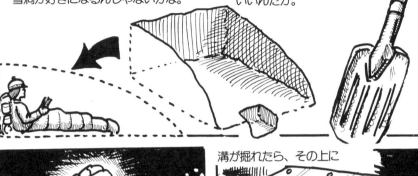

最初に、適当な深さの溝を、雪の土手に四角く切りこむ。

オレゴンのクラマスフォールのハイ・シャレーに住むエド・ビバリーに感謝！

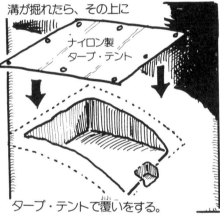

溝が掘れたら、その上に

ナイロン製タープ・テント

タープ・テントで覆いをする。

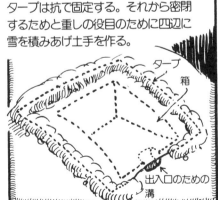

タープは抗で固定する。それから密閉するためと重しの役目のために四辺に雪を積みあげ土手を作る。

タープ

箱

出入口のための溝

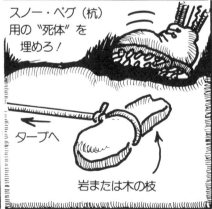

スノー・ペグ（杭）用の"死体"を埋めろ！

タープへ

岩または木の枝

シェルターはすべて、湿気を追い出すための十分な換気がなされているべきである。
特に、シェルターのなかで火がたかれるときにはなおさら十分な換気が必要。

シェルターの外の焚火で岩を熱くしてシェルターの中に入れればいいヒーターのかわりになる。

気をつけて！
熱い石は衣類や寝袋をこがすから。

天然の素材であるウールは、今日でもなお悪天候には最も素晴らしいものであります。ウールはたとえ濡れたときにさえ保温力がある。
だからこそ、寒冷な北海で漁をする漁師たちには、ウールの衣類が愛されているのですノ。

ウールのスエーターの上から、防水性のアノラックやパーカ、ゲートル（スパッツ）、もう1足のウールの靴下を身につければ万全である。
それでも不安なら
ももひきはいかがかな？

☞ P204を見よ

夏でも雪が降ったり嵐があるところでは、同じようなこと。
いざというときのための衣類や道具を持たないで、キャンプを後にしないこと。

そうしないと……

荒野をほっつき歩きに行く前に、キャンプ道具類を実際に使ってみて予行練習してみるのは頭のいい証拠だ。2、3人の仲間とはからって、盛大な野営舞踏会を楽しんでみたらどうかな。

☞ P206 を見よ

特別にそんな必要はない、と思っても、少なくとも自分の家の裏庭なんかでキャンプしてみたほうがいい。
雪が積もっているときがいいんだが……。

グランド・パッド

雪上でキャンピングするためには、身長分の長さがあって13ミリの厚さのエンソライトが必要。10ミリ厚では薄すぎる。

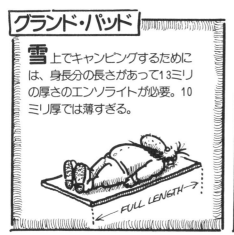

←— FULL LENGTH —→

冬山のプロのなかには、テントの床を完全におおってしまうサイズの特別なグランド・パッドを持っていく者もいる。
グランド・パッドが動かないように、結び紐やベルクロ・テープで床に固定してやるといい。

冬の遊びで、もうひとつのすごくいやらしいことは、値段のはるヘビーデューティ（丈夫な）な用具類を買うために目ん玉が飛び出るような支出をしなけりゃいけないこと。スキーやジャケットやブーツや寝袋やテント等々、冬用の製品には厚い札束が必要……。

☞ P208 を見よ

温度計を携えていくことをすすめる。自分がどんな気温のもとで行動しているかを知っておくために……。

小さなプラスチック製がいい

雪がどんな状態なのか、ということは非常に重要なことである。しまっているのか、ルーズか、湿ってるか、乾いてるか……。

☞ P210を見よ

もしもルーズな雪なら、すごく苦労しながら雪をかき分けて進まなけりゃならないぜ。

その尾根のすぐむこうだよ……

さっきから5回も同じこと言いやがって！

でも、気をつけろ！

ウヘッー すげえ眺めだぜ！

雪庇（せっぴ＝風で張り出した雪）はこの線から崩れる。

雪庇の真下を歩いちゃいけない……

どうしても通過しなくちゃいけないときは1人ずつ通る。そうすれば雪崩にまき込まれても仲間がなんとかしてくれる。

木が生えていない雪の斜面は要注意！特に、積雪量の多い急斜面はなおさら。

砂漠のトレッキング

砂漠の旅（デザート・トレッキング）で、最大の関心事は"水"である。1リットルの水は約1キロの重さに相当する。そして、なんとか生き残るためには、少なくとも1日に2リットルの水が必要なのですゾ。

☞ P214を見よ

西部のデザート（砂漠）の夏の気温は、摂氏43°を越えることも珍しくはない。まともなバックパッカーがなぜ3月と4月にデザート・ワンデリングを楽しむのか、お分かりになりますネ。

灼熱のもとでは、小陰をみつけてノンビリやりな――。気温が比較的低い早朝や午後も遅い時刻にハイキングするのが、砂漠の旅のやり方というもんなんですヨ。

明るい色の衣類は、直射日光をよく反射して涼しい。

水は1ガロン（約3.78リットル）入りのプラスチックの容器に入れてパックの中にしまって運ぶ。

足を折ったりしたら大変だから、余分な水を持っていきな。

砂漠には砂漠ならではの喜びがあり、そして危険もある。このことはどんな自然にも共通することだ。だから、砂漠でなんとかうまくやっていくためには、砂漠に対する知識と畏敬(いけい)の念とを育むことが大切なのですゾ……。

砂漠以外のところを旅するときも同じだけど、よどんだ水溜りの水を飲まなければならない状況を考えて、水の浄化剤を持っていったほうがいい。

スネーク・バイト・キット（毒蛇(どくへび)に噛まれたときの応急処置用キット）と日焼け止めローションは、きみのバッグのなかに忍ばせていくだけのことはある、価値あるアイテム。

このように肌もあらわなケチケチした装身具は、すでに自分が十分に日焼けしているとき以外は冒険的だと言わなくちゃならない。ともかく日焼け止め軟こうを持っていったほうがいいですヨ。

唇を守るためにリップ・クリームも携えていこう。
また、熱疲労を軽減するためには、塩の錠剤が効く。

夏のデザート・トレッキングは、暖かい気温のせいで実にエコノミカルであります。ダウン・ジャケット（羽毛服）や高価な寝袋なしで旅を楽しむことができる。

ウールの毛布だけ

テントは必要ないし、欲しいと思うこともないだろう。でも、フォーム・パッドとグランド・シートは持ってきてよかったと思うにちがいない。

COPYRIGHT 1979 © SHERIDAN ANDERSON 17-3

侵食谷は、砂漠の峡谷ないしは地溝なり。砂と小石の水のない川床である。

侵食谷は、雨によって——遠くの高地に降ったドシャ降りの雨を集めて洗い流されてできた。
そんな侵食谷をハイキングしたりキャンプしているときには、いつでも逃げだせる用意をしておきなさい。高地で雨が降ったら地獄ですゾ——。

急いで！

男爵の教え；
砂漠の危険6ヶ条

1，灼熱
2，水の欠乏
3，ガラガラ蛇とサソリ
4，突然の洪水
5，鉱山の廃坑
6，ラスベガス

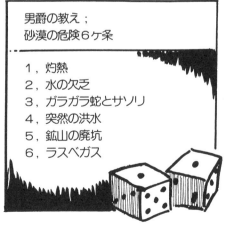

砂漠でのクッキングにはバックパック・ストーブが必需品。木や灌木を焚木にしていじめちゃいけない。これらのものは砂漠ではとても貴重だし、美しすぎる……。

溜り水は、5分か10分煮沸してやれば浄化される。熱湯は、ボトルに入れて振ってやれば空気がさましてくれる。また、容器から容器に何度も移しかえしてやることでさましてやることができる。

岩のポケット（窪み）に溜った雨水は、だいたいOK。でも、仲間と分かち合う前にやっぱり煮沸したほうがよろしい。

緑の植物が繁っていないところの水溜りの水はやめておくことだ。

COPYRIGHT 1979 © SHERIDAN ANDERSON 17-4,,

湿った泥から水を絞り出すことができますゾ。

シャツまたは布 →

水や湿った泥は、草やヤナギや木がひとかたまりになって生い繁っているところのそばでみつかることがある。

穴を掘る

水が穴の底にたまる

発散水の蒸留装置

大地から蒸発する水蒸気をつかまえて水を得る〝ジャクソン・ヴァン・バーベル式発散水蒸溜装置〟は絵のようにして作る。透明で大きなビニール・シート、プラスチックのチューブ、それにポットがあればいい。直径1メートル×深さ1メートルのすり鉢状の穴を掘る。

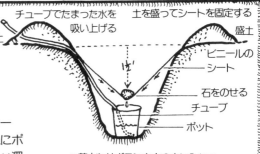

チューブでたまった水を吸い上げる
土を盛ってシートを固定する
盛土
盛土
ビニールのシート
石をのせる
チューブ
ポット

※草木やサボテンを穴の中に入れてやれば水分が増える。

サボテンは90％が水分。容器の中に入れたり岩の上に置いて、でっかい奴をすりつぶせば水を得ることができる。

COPYRIGHT 1979 © SHERIDAN ANDERSON 18-1

朝露は上等な水源。布切れで吸いとって絞れば少しだけど水を手に入れることができる。

植物　岩

もちろん、広大なアメリカの奥地で生きるための水を捜し出しながら砂漠の旅をつづけることは、いかしたチャレンジではある。だが、それはエキスパートにとってさえ危険な賭けなのだ。
だから、きみはスマートにやりな。トレックに出発する前に気のきいた飲み物をこっそり投げこんでおいたほうがいい。そして水は4リットルほど余分に……。

TREE FROG BEER

日影がまったくないところでは、白い色のタープ・テントがよく熱を反射してくれるので小陰を作ってくれる。涼しいほどではないにしても、少なくとも我慢できるほどにはしてくれる。矢印は、トートライン・ヒッチを示している。

トートライン・ヒッチ（自在結び）は、いつだって偉大なロープの結び方のひとつだ。バックパッカーなら必ず自分のものにしておかないと損をすることだろうよ。ここで紹介したやり方は、ロープ結びの頂のそれと少し違うけど、両方とも同じくらい効果的な結び方なり。

地面に穴を掘って、その穴に埋まって灼熱の太陽から生き残った奴もいる。きみだって砂浜でちょうど同じようなことをして遊んだことがあるだろ、あれと同じだ。地面から10センチ低いだけの地中でも、地表よりもかなり涼しいってことを知っててもいい。

釣りは愛すべきものだし、バックパッキングの陽気な気晴らしであります。そして釣りは時々ひとりっきりになるためのいい口実にもなる。ことにきみの下品な相棒が、きみのようにまともで教養ある人間にはとても耐えられないような、品行下劣な見ちゃいられないことに夢中になっているときはなおさらである。

釣りの秘密兵器

ルアー釣りのためのルアー（擬似鉤）はこういったものから簡単にこしらえることが……。

ボトルのキャップ

アスピリンのブリキ缶のフタ

フライ・ロッド（竿）

スピン・ロッド

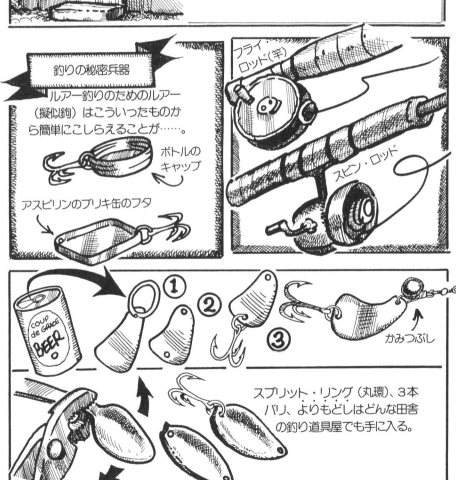

① ② ③

かみつぶし

スプリット・リング（丸環）、3本バリ、よりもどしはどんな田舎の釣り道具屋でも手に入る。

移動式オモリのエサ釣り仕掛け；
この仕掛けだと、魚はオモリの抵抗を感じないでエサを
引っぱることができる。オモリは仕掛けをキャスティ
ング（投げる）するためにどうしても必要。道糸に
セットしたカミツブシは、オモリがハリまで移動
してからまないためのもの。カミツブシのすぐ
上にヨリモドシをつければ、ハリスに縒りが
かからない。

ヨリモドシ

ポラロイド（偏光）
のサングラスは、高地の湖や渓流の
まぶしい水面の照り返しをおさえて
釣り人をより有利にする。

釣りは、暇つぶしをしたり、
物思いにふけったり、のらく
ら遊び暮したり、夢をふく
らましたり、何か陰謀を
企むには飛び切り気が
きいたものだ。

フライ（毛鈎）と玉浮きの仕掛け；

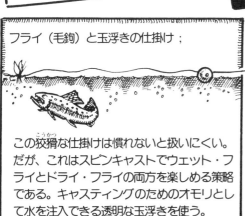

この狡猾な仕掛けは慣れないと扱いにくい。
だが、これはスピンキャストでウェット・フ
ライとドライ・フライの両方を楽しめる策略
である。キャスティングのためのオモリとし
て水を注入できる透明な玉浮きを使う。

こちらエサ釣り用

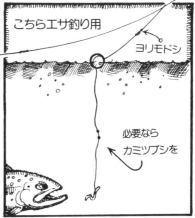

ヨリモドシ

必要なら
カミツブシを

バックパック・ロッド

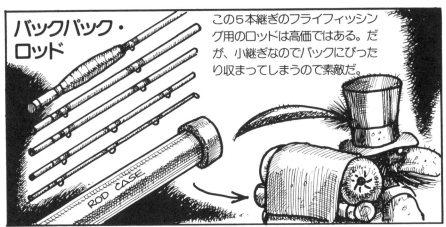

この5本継ぎのフライフィッシング用のロッドは高価ではある。だが、小継ぎなのでパックにぴったり収まってしまうので素敵だ。

涼しい高山なら鱒は一晩ぐらいはもつ。腹ワタを出してきれいに洗って日影に吊るしてよく乾かしておくと長持ちする。

鱒料理

塩・コショーして油で焼く。

または、濡らしたたっぷりの草に包んで、焚火のオキ火の中に埋めてやる。

草が焼けはじめたら、食べられる。これはキャンプならではの野趣に富んだ鱒のムニエル……。

☞ P216を見よ

☞ P218を見よ

間違いだらけの愚かな伝統を、みんなが盲信している時代だから、男爵はちょっとケチな説教をするためにこの最後のページをとっておかれた。

実を言えば、今まで言われてきたこととか書かれてきたことというのは、略奪集団のあくなき収奪から、我々のこの自然を守ったためしがないのである。だが、自然環境破壊の主謀者は、すみやかに、しかも徹底的に排除されなければならない……と男爵はおっしゃっている。

しかしながら、このような意見は、この本の財政上の成功にとって、打ち勝ちがたい障害となるであろうように、読者諸兄諸姉のなかのさまざまな矛盾に対する物議をかもしだすところのものとなるであろう。

☞ P220を見よ

男爵のご親友である
ヨシオの脚注

文・田渕義雄

絵・田代和泉　写真・小林淳

☞バックパッカーの楽しみごと

<ruby>アミューズメント</ruby>

「バックパッキングとは、何を持っていかないかという策略のことである……」。だったら、いくらカントリー・ミュージックが好きだからといっても、やっぱりギターは家に置いていくのだ。しかし、バックパッキングは難行苦行のための旅でもないのだ。気晴らしや楽しみごとのための道具のひとつぐらいは持っていってもいいんじゃないだろうか。

楽器を鳴らすことの好きな人は、ハーモニカなんかどうだろう。昔の修験者だって、ほら鳴らしながら山を歩いた。夕陽のキャンプサイトで、マウンテン・ハウスのヌードル＆チッキンをグツグツやりながら、ブルースハーモニカを上手に吹くなんていうのは、バックパッカーならではの楽しみ。ニール・ヤングが吹くあんな音が出れば素敵だ。

ブルースハーモニカは、掌サイズの小さくて軽いハーモニカ（単音10穴20音）。トンボ楽器からメジャー・ボーイ、マイナー・ボーイというシリーズで、長音階と短音階の各調子のブルースハーモニカが売り出されている。1本60グラムで2000円ぐらい。

双眼鏡（ビノキュラー）を持っていくのも楽しみ。ただしビノキュラーは500グラム位あるから荷物に余裕があるときにしか持っていけない。でも、こいつは山の上では価値あるアイテム。これからたどるトレールをのぞくのに役立つし、鳥なんかを遠くからのぞくのも愉快。そして人間も、野生動物以上になかなか興味深くてかわいい被写体。ただし、人間という動物の場合には、プライバシーという権利が保障されているので、ほどほどに楽しむこと（ライチョウの親子にだって、プライバシーはあると思うんだけど……）。

ぼくのビノキュラーはダハプリズムの直視型。従来からのZタイプのものにくらべ、鏡筒がまっすぐなので、その分かさばらない。性能は9×30、6.7°。つまり9倍の倍率で、対物レンズ径が30ミリで、実視界が6.7°ということ。

9倍というのは、900メートル先の物が100メートルの距離に見えること。対物レンズ径は、倍率が同じ場合、この径が大きいほど入射光の量が多く、明るく解像力も高くなる。実視界は、一般的には倍率が高くなるほど狭くなる。ビノキュラーの良し悪しをきめるのは、明るさと解像力。倍率が高いものが高級だということはない。明るさはひとみ径（対物レンズ有効径÷倍率）の自乗として表現され、対物レンズの有効径が大きく、倍率が低いほど明るくなる。ぼくのビノキュラーは、$(30 \div 9)^2 = 11.11$。解像力はレンズの良し悪しによってきまる。高級なビノキュラーほど解像力にすぐれている。

ビノキュラーは一生ものの遊び道具。6～9倍の倍率で、解像力のいい高級な製品を手に入れることをすすめる。

ビノキュラーは、チャンネル無限のテレビジョンみたいなものだ。見たい番組を自分で構成しな

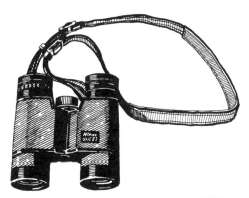

がら見たいものだけを見ることができる。見晴らしのいい山の上からだったら、それこそチャンネルは無限。テレビジョンよりずっと楽しい時をすごせる。ビノキュラーは、自分がディレクターである一回きりの魔法のテレビジョン。美しい像を結ぶ解像力にすぐれた製品のほうが、見ていて楽しいし眼や頭も疲れない。

ところで、旅の記念を残すために誰でもがカメラを持っていきたがるはず。特に我々日本人は世界一のカメラ好き。みんな高級ないいカメラを持っている。そしてカメラは高級なほど重い。

ぼくも写真が好きだったから、重いカメラとレンズをいつもいつも持ち歩いていた。そして、いつもいつも被写体のことで頭をいっぱいにしていた。しかし或る冬、独りで雪山を歩きにいったとき、荷物が25キロを軽く越えそうになったので、泣く泣くカメラを置いていった。しかしどうだろう、カメラを持たないってことが、どれほど心を清々させるものなのかを、そのときに知った。

ビノキュラーも少しはそうだけど、カメラはあればどうしてもシャッターを押しておきたい気持

ちにさせられる、厄介な代物である。人は、カメラを持っているばっかりに、カメラのファインダーとレンズで物や景色を見ようとしてしまう。カメラは一種の麻薬（ドラッグ）かもしれない、って最近は思うようになった。刻一刻と変化する大自然の雄大な景観は、ほんとは自分の心と眼に焼きつけておくべきなんじゃないだろうか。その旅のなかで、いちばん美しくて神秘的な時を、ファインダーでのぞいているなんて、本当はすごく馬鹿げたことをしているんじゃないだろうか。写真は、紙の上に焼きつけられたただの映像、ないしはただのイリュージョン（幻影）だってことをぼくたちはもっと理解したほうがいいかもしれない。ファインダーをのぞいてレンズを通して大自然を見ようとするより、直接自分の心と眼に大切なものを焼きつけたほうが、本当は価値があるかもしれないのである。そして、写真を撮らなくてもいいということは、いつもぼくたちの旅の心をより自由により清々したものにしてくれる。

現代は、幻影の時代だといわれている。写真やテレビジョンの映像が、いかにぼくたちの感受性をスポイルしているかを考えてみるためにこそ、ぼくたちのバックパッキングの旅はある。世界や自然は、決して写真やテレビジョンの映像のようなものではないはずなのである。

こういうことを言うときっと嫌われるにちがいない。しかし、ぼくは自分の経験からどうしても言っておきたかった。写真に特別な興味や価値をみいだしている人以外は、写真はただの記念であればそれでいい。軽くてコンパクトなカメラで十分にいい思い出が映るのですよ。

ぼくのニコンは標準レンズ付きで 1.1kg。同じ35ミリのフルサイズ・カメラでありながら、この西ドイツ製のミノックスはたったの 191g。日本製なら、オリンパスのＸＡというユニークなデザインのカメラが、真にバックパッカー向き。35ミリのフルサイズで連動距離計付きで225g。ぼくだったら、重いカメラ1台よりも、超小型カメラとビノキュラーを持っていきたい。

ウィルダネス
🖐荒野における頭脳と常識

山登りやバックパッキングほど、おもしろい遊びを経験したことはない。身体と頭と暇と金を、これほど真剣に使って楽しむスポーツは、そうはたくさんないんじゃないだろうか。それにバックパッキングの一日は、24時間そのものがゲームなのだから。

衣食住のすべてを自分の背中で背負って、自然のなかを旅する遊びがバックパッキングである。体力が人一倍ある者が、優秀なバックパッカーなのでは決してない。誰よりも速く走ることのできる者は、世界一のランナーである。しかし、世界一のランナーなら、バックパッキングという遊びを誰よりもエンジョイできるとは限らないのである。歩き、寒ければ着、雨降れば雨をしのぎ、自分で食事の仕度をして、わずかばかりの食物と燃料で一番おいしい食事を作り、夕方になればテントという小さな布の家を建て、夜はその家で朝までどうしたら暖かくぐっすり眠れるかを考え……、バックパッカーは旅をつづける。

バックパッカーに必要なのは、ごく当たり前の体力と人並みの頭脳と動物としての五感と、それから人間としての常識。これらの条件は、ごく人並みであればそれでいい。しかし、何かひとつでも人並み以下であってはいけない。すべてにすぐ

れているけど、動物的な直感みたいなものがすごく鈍い人は、受験勉強じゃなくて鍛練が必要。

大切なのは平均値なのだ。いかに歩き、いかに食い、いかに眠るか、という人間という動物の生活の基本こそが、何よりもこの遊びでは大切なのだ。バックパッキングや山登りが、いかに複雑なルールを持ったスポーツなのかを説明すれば、何冊ものルール・ブックができあがる。しかし、その厚い本のなかに書かれていることはすべて、"常識"さえ持ちあわせていれば誰でもが知っていることばかりのはず。

"常識"とは、「健全な一般人が共通に持っている、または持つべき、普通の知識や思慮分別」(岩波・国語辞典)。道を間違えて、このまま進めば踏み跡のない森へ迷いこみそうだがどうするか? 当然、もときた道を引っ返してみるべきである、これは常識。こんな山の中だから、ガソリン・スタンドや車があるわけがないのに、さっきからどうもガソリン臭いのだがどうするか? 自分の背中の荷のガソリンの容器を調べてみるべきである。これは常識。雨が降ってきて日も暮れたのに、空腹で疲労がはげしいがどうするか? とりあえず元気がでそうなものをすぐに食べ、それからどうするか決めるべきである、これは常識。

けれども、常識というものほど難しいものはないらしい。この地球の、大地と大気と海と川をこれ以上汚染すれば、人間自身の生活そのものが不健全になるに決まっているのは、常識というものだ。しかし、合成洗剤や原発は作られつづけている。決して自然に還らない石油製品が廃棄されつづけている。すべてのツケは、子供たちの時代に回されているのを、常識のある人なら知らないわけがないのに。

山の遭難のほとんどは常識を無視したところで起こっている。遭難事故のほとんどが、強行軍にある。明日帰らなければ会社に間に合わないから、という理由で、一体どのくらいの登山者が死んだことになるのだろうか。冬の上越国境稜線で、あの湿って重いドカ雪にみまわれ、しかも吹雪のさ中に行動して、結局みんなに最大限の迷惑をかけることが、どんなにくだらない行為かは常識の問題である。天気が回復するまで、寝袋のなかでヌクヌクしていればいいのだ。回復しない天気というのはないのである。

そうは言っても、やっぱり経験というものが必要な場合もある。自然のただ中で吹雪や大雨に見舞われると、どうしても人間は、そこから一刻も早く逃げ帰りたいと思ってしまうらしい。また道に迷ったときは、とにかく尾根や山の頂に登れば、そこに必ず踏み跡があって、その踏み跡をたどっていけばちゃんとした道にもどれる、っと知っていても、谷を下って一刻も早く山を降りたくなってしまう。(谷を下りるのはすごく危険)。

大切なことは、常識の判断のなかで〝今、自分が何をしているのかをいつも知っていること〟な

んじゃないだろうか。

〝回復しない天気は、絶対にないんだ!〟っていう常識を信じよう。自分の常識が自分を守る唯一の武器だってことを信じることのできる常識を身につけよう。家の者や会社の人にどんなに迷惑をかけようと、死んで帰るほどの迷惑はないんだっていう常識を、忘れないように。

山歩きやバックパッキングが、常識ということの本当の意味を教えてくれた。常識というのは、自然というものに逆らえば、いつも高くつくということを知っていることだってことを、吹雪の日に下山を急いでつくづくと思い知った。常識というのは、その時の状況をごく当たり前の人間の判断としてなんとなく正確に判断できるかどうか、という動物的な勘みたいなものが必要だってことを、独りで岩登りしていて墜落したときに知った。

ガソリン・ストーブでご飯を炊いてみれば、お米は電気ガマがなくても、それよりももっと上手に炊けることがわかる。3日も山を歩いてみれば、ぼくたちの肉体と心が、いかにひとつのものなのかをたちまち教えられる。人並みの健全な肉体の運動や労働がなければ、心の幸福はないんだってことを教えられる。山の上で食べる〝めん吉〟(インスタント・ラーメン)のうまさの意味を、ぼくは絶対に忘れない。

常識を働かせること。日常の生活のなかで、常識にみがきをかけること。そして、ごく当たり前の普通の人であることがバックパッカーに必要な頭脳のすべてである。

☞ウォーキング宣言

自分の足で、もう一度この大地を歩いてみよう、ということがバックパッキング。あなたは毎日、何キロぐらい歩いていますか。車やバスには乗らずに、駅まで歩いていくのが好きな人は結構。あなたはきっといいバックパッカーになる。でも、いくら昔、歩くことに自信があった人でも、10年間車に乗りつづけた人は赤信号。あなたの体は、きっと歩くことを忘れてしまっている。

とにかく毎日の生活のなかで、できるだけ歩くことから、あなたのアウトドア・アドベンチャーの旅の準備をしよう。駅までタクシーやバスに乗っている人は、明日から歩いていくべきである。車を愛用している人は、いいチャンスだから中古屋さんに売り払ったらどうだろう。さもなくば、鉄の意志をもって、できるだけ車に乗らないように心掛けることが必要。自分の経験からはっきりと断言するけど、車に10年間乗りつづけた人は、相当に体力が衰えている。特に腰と脚が軟弱そのものになっている。車に乗りつづけなければならない人は、何か特別に、かなり激しいスポーツをする必要がある。ジョギングやテニスなんかはどうだろう。ただしテニスは、ダブルスじゃなくてシングルを楽しむこと。オートバイに乗るのが好きな人は、オフロード・バイクにかえなさいよ。ぼくはトライアル・バイクで近所の河川敷を走り回るのが好きだ。フットレストに立ちあがったまま、1時間も走り回ればいい運動になる。前輪を浮かせて走るホイール・リフトを20回もやれば、

ヘトヘトになる。サイクリングなら申し分ない趣味。

しかし、やっぱり一番いいのはできるだけ歩くこと。そこで人間の正しい歩き方を紹介しよう。

2本の後脚で直立して歩行できるようになり、前脚つまり両手を自由にした猿人がやがて人間になった。歩くことから両手を解放した哺乳動物がつまりは人間なのだ。そして、両手を自由にしてゆっくり歩いているとき、人間の大脳はそのすべての細胞が最も健やかにかつ平均して働く。人間は1時間じっと座ったり立ったりしているよりも、両手を自由にして1時間のんびり歩いていたほうがずっと疲れないし幸福な気分でいられる。

デイパックと呼ばれる小さなリュックサックをひとつ手に入れよう。手回りの荷物をこのデイパックに入れれば両手が自由になる。そして、背筋を伸ばして両手でリズムをとりながら歩くのだ。外にでて、いますぐ正しい人間の歩き方で歩いてみてください。歩くということが、どれほど気分がいいことだったのかを知って、何時間でも歩きつづけたい気分になるにちがいない。

ひと度、デイパックを愛用することを知ってしまったら、もう腕や肩に荷物をぶらさげて歩くことの馬鹿馬鹿しさには戻れない。4キロの荷を手提カバンにぶらさげて2キロ歩いたときと、デイパックで両手を自由にして歩いたときのことを、ぜひ自分自身で一度比較してみて下さい。腕や肩から荷物をぶらさげて歩くことが、身体や大脳に

"ウォーカー"という、こんな歩行距離計がスポーツ店で売られている。歩幅調整目盛を自分の歩幅にセットして、腰のベルトに取り付ける。歩くときの上下の振動によって歩いた距離を自動的に記録するという代物。毎日、自分がどのくらい歩いているのかをチェックするのには楽しいオモチャ。

とっていかに悪い影響があるかを、たちどころに理解することだろう。

　さて、両手を自由にして歩くことの楽しさがわかったら、デイパックにお弁当と水筒をつめこんで、どこか近郊の低山にでもハイキングに行きたくなるんじゃないかな。すごくいい考えだ。やっぱり、現代人が突然20キロの荷を背負ってバックパッキングの旅に出るのは、ちょっと無理がある。最初は日帰りのハイキングを何回か楽しんで、歩くということに自信を持ってからにしたほうがいい。そうすれば、体が自然と登ったり降りたりすることのリズムをおぼえてしまうから、あなたの最初のバックパッキングの旅立ちは、きっと輝かしいものになる。おめでとう！

　この地球の上の人間が、歩くことを嫌いはじめたこの20世紀という時代が、この惑星と人間とすべての生き物に何をもたらしたかを人はもっと考えてみるべきかもしれない。近代テクノロジーというのは、つまりは人間の自由で自然な歩行ということを限りなく疎外したことの別名にすぎないんじゃないだろうか。自由に自然に歩くことを忘れ不健全になってしまった人間が、大地と川と海と大気をこんなにも汚染し、地球の上のすべての生き物をせん滅してもなお余りある核弾頭を製造しているんじゃないだろうか。荷を背負って、両手を自由にして歩くことの自由さと自然さと幸福さのなかで、ある日ぼくはそんなことを本気で思ったのですよ。みんなが革のブリーフケースを捨てて、デイパックを背負って歩きはじめたとき、地球の上は平和で幸福になるかもしれないって。
　「歩行」は百薬の長！　歩くことは肉体にも心にも一番の薬。ハイキングや登山やバックパッキングがいかに健康にいいかは、枚挙にいとまがない。肉体全体の機能を向上し、精神的なストレスを解消し頭の回転を良くする。
　ちょっとグロテスクだって感じるかもしれないけど、都会だって一種の自然環境。デザート（砂漠）・トレッキングのつもりで、できるだけ毎日の生活のなかで歩き回ってやろうじゃないか。お金もセーブできるし、体も頭も健やかになるし、その分きっといいことがある。

デイパックというのは、日帰りのハイキング用のパック。手提カバンやショルダー・バッグのかわりに使っても、決して逮捕されない。学生はもちろん、会社に行くときにもだんぜんデイパックが体にも心にもいい。
これは上下2室式のデイパック。カサのあるものは入れにくいが、2室式は荷の収納がラク。

1室式のデイパックは、2室式のものよりより多くの荷を詰め込むことができる。デイパックは、キャンプから山頂なんかを往復したり、コースをはずれて遠征したりするときの必需品。テント内の荷の収納に役立つし、衣類を詰め込めば、枕やいいクッションにもなる。

☞いかにして道具を買い揃えるか

　もしも今まで、アウトドア・スポーツに全く無縁で、これから全てを始めようというんなら、デイパックと1ℓ入りの水筒を買うことをすすめる。そしてお弁当を持って、水筒に番茶でも入れて、何回か日帰りのハイキングにでかけるのだ。

　スニーカーがあれば、靴はそれでいい。それもないというなら、履き古した黒革の奴でもいい。寒くなったときのためにスェーターかジャンパーをデイパックに詰めて、それから折りたたみの傘も入れて、とにかく野山を歩き回ってみよう。そうすれば、自分に何が必要なのか自然と少しずつ分かってくる。その気になりさえすれば、スニーカーとデイパック姿で、真夏の北アルプスなら十分に縦走できる。ただし山小屋に泊まらなければならないから、お金が必要（夏の北アルプスの稜線では、何が一番役立つかといえば、まあお金ですね。お金があればとりあえず必要な物は山小屋で買えるにちがいない……味気ない話だけど）。

　さて、次に何が欲しくなるか？　多分、ちゃんとしたウォーキング・シューズ。それから懐中電灯とか地図とコンパス、雨具やウインド・ブレーカーも欲しくなるだろう。夏にかぎれば、これだけあれば、山小屋泊まりの山旅ならどこへでも行ける。

　何回かハイキングを楽しんでいるうちに、小型のキャンプ・ストーブとポット（ナベ）が欲しくなるんじゃないかな。こいつがあれば山の上で暖かいスープやインスタント・ラーメンにありつけ

る。両方買っても1万円ぐらいだ。買っちゃおうじゃないか。バックパッキング用のキャンプ・ストーブは、掌の上にのっかっちゃうほどコンパクトだけど、すごい実力を持った魔法の火だ。どうせあとで必要になる。それにキャンプ・ストーブの使い方に慣れておくのはいいことだ。バックパッキングにおける〝食〟ということの意味が自然と身につく。ハイキングや釣りのときに、必ず持ち歩くようにして、いろんな食べ物を煮炊きして食べてみよう。どんな食品が調理しやすく、そしておいしく食べられるかを少しずつ理解するだろう。

　山を歩くことにも自信がついて、キャンプ・ストーブを扱う手付きも手練れてきたら、あなたはもうほとんどバックパッカーである。夜行日帰りで、どこか高山の頂きを往復してきたらどうだろう。睡眠不足も手伝って、かなりの強行軍になるかもしれない。でもきっと大丈夫だ。荷物は軽いのだから、山頂を登りつめれば下りは楽なもんだ。口笛吹きながら元気に帰ってこれる。やったね。

　さてさて、ここまでくればあとは大きなバックと寝袋とテントがあれば、あなたはバックパッカー、ただし一応は、というただし書き付き。

　一度にすべてを買い揃えようとしないこと。少しずつ少しずつ買い揃えていくんだよ。目先のルックスに惑わされて、ガラクタに投資しないこと。いろんなお店をトレッキングして、店のお兄さんの質とかお値段をよく見定めて、なおかつ人の意見に耳を傾け、のんびりゲームを楽しむんだ。

10年かかってさえ、自分自身のための道具に出会えないでいる人もいる。結局すべての道具は、妥協の産物かもしれない。そのことに気付いたら、あとは自分自身に都合がいいように自分で改良すべきかもしれない。良心的な登山用品のお店の片隅には、そんなエキスパートのためのDo it yourself のコーナーがある。

☞とにかく足の皮を鍛えておこう

　新品の登山靴を買って、一度も慣らし運転しないででかければ、あなたのバックパッキングは、苦痛に満ちた習練の旅になる。そのブーツが大枚はたいて買った高級でかたいものなら、100%あなたの足にマメができることを受け合う。サンダルやスニーカーをはいて、ロクに歩いてない足の皮は、まるでウィンナー・ソーセージの袋みたいなものだ。特に背中の荷が重いときは致命的。たちまちソラ豆ぐらいのマメができて、歩く度にズキズキして旅は台無しになる。

　足にマメを作って、旅をダメにしない唯一の秘訣は、足の皮を日頃から鍛えておくこと。ヒマラヤのシェルパは、山のような荷を背負って素足で氷河の上を平気で歩ける。

　新品のブーツは必ず慣らしはきしなくちゃいけない。できれば街で何回かはいてから、一度ぐらいは日帰りのハイキングに出かけるといい。そして下り道でおもいっきりブーツに荷重するような歩き方をしてみることだ。それでもマメもできずに足の皮が全く痛まないようなら、あなたの足はよく鍛えられている上に、ブーツが運良くあなたの足にぴったりなのだ。おめでとう、あなたは明日からでも長期間の旅にでることができるかもしれない。ただし、やっぱり重い荷を背負うのだったら、ぼくならもう少し何回か慣らし運転してから旅にでる。

　本格的な旅にでる前に、おもいっきりたくさんのマメを一度作ってしまって、それが完治してからでかけるのは、荒療法だが確実な方法。マメができてさんざん痛めつけられた足の皮は、多分シェルパのそれに近づいていることを受合う。一度マメが破れて完治した部分の皮は、実際たいしたものなのである。もちろん、足に合っていないブーツは何度でも同じ部分にマメができる。足の皮が頑丈になった分、マメはできにくくなるかもしれないけど、雨に降られて足を濡らしたりすればやっぱりマメがまた生えてくるだろう。そんなブーツは買ったお店にもっていって、足の当たる部分を強引に延ばしてもらうしかない。

　メイベル男爵の塩水漬け以外に、アルコールで足を拭く方法もある。どっちもブヨブヨになった足の皮をひきしめてマメができにくくするものだ。

　新品のブーツに水をたっぷり入れて1、2時間歩き回ると以後靴ズレがないと主張するエキスパートもいる。実際にやってみた人の話だと、かなり効果的な方法だということだ。水に濡れて皮が軟らかくなるので、当たる部分が自分の足型通りに整形され、足にピッタリしたものになるということらしいよ。そういえば、大雨に遇ったり靴をはいたまま川を渡ったブーツは、その後自分の足にピッタリした心当たりがある。高級なブーツだといかにももったいないし、恐ろしい気もするけど、考えてみればいいアイデアかもしれない。一度浸水させたぐらいで型クズレするようなブーツなら遅からずそうなるにちがいない。今度、新しいのを買ったときにはためしてみるつもりだ。

☞ソックスは第2の足の皮

ウォーキングのためのウールのソックスは、あなたのもう一枚の大切な足の皮。そして上質なウールのソックスはすごく高級品。良い製品はさすがにはき心地もいいし長持ちもするけど、1足3000円ぐらいの出費は覚悟したほうがいい。それでも、ソックスは相当な消耗品。バックパッカーはもっともっとソックスに気を使ってもいい。ウォーカーにとってソックスは、ブーツと同じほど重要な商売道具である。

暖かい季節なら、化学繊維のソックスがエコノミック。デュポン社が開発したアクリル繊維である"オーロン"のパイルソックスは安くて丈夫で長持ちする。はき心地もなかなか暖かいし、他の化繊のソックスに比べ吸汗作用にもすぐれている。

しかしながら、足が冷えるかもしれない寒い季節には、ぼくはなんといってもウール党だ。足は歩いているとき相当な汗っかきである。少々汗に濡れてもウールなら暖かいし、その分安心していられる。ウォーカーにとって足裏を冷やすことは体全体を冷やすことになる。どんなに暖かいダウン・ジャケットを着ても、汗をかいた足から冷えてくれば、体は暖かくならない。

少し贅沢なのかもしれないけど、冬以外はウールのソックス一枚で靴をはくのが好きだ。足裏の感触というものを大切にしたいからである。ソックスを2枚はくと、どうしても自分の足のような気がしないのである。だから余計にぼくは、柔らかくてよく目のつまったウールのソックスに目がない。同じウールでも、かたくて太い糸の製品はじかに一日はいていると、足の皮が縄文土器みたいになっちゃう。そんなこともあって、本当は、100％ニュー・ウールのソックスが好きなんだが、高級な上にやっぱり消耗が激しい。今は70％ニュー・ウール＋30％ナイロンで、ソックスの内側がパイルになっている製品を愛用している。

しかし、100％ニュー・ウールのソックスの肌ざわりのよさはたまらない。Lサイズを買ってきて、一晩冷たい水に漬けてキュッとしまったMサイズにして大切にはいている。つまった分、より丈夫になるし、本当に上質なニュー・ウールのソックスだと、はくほどにフェルト化して自分の足の型そのもののようになってくる。100％ニュー・ウールのソックスを買うんならLサイズを狙うべきですゾ。値段は同じだもの。そして、どうせウールは縮むのですよ。

夏でも薄いドレス・ソックスとウールのソックスを重ねてはく人が多い。しかし、ウールの薄いドレス・ソックスは簡単に穴が空いてしまうし、ナイロンのドレス・ソックスは汗を吸ってくれない。コットンのソックスと中厚のウールの組み合わせをためしたこともある。中厚のウールのソックスはあまりにも傷みやすい。ぼくの山の仲間は、中厚のウールのソックスの上に、安物のアクリルのソックスをいつもはいていた。これは、なかなか経済的で頭のいい考え方。

最近よく買うNorsewear（ニュージーランド製）のソックス。70％ニュー・ウールと30％ナイロンの混紡。裏がパイルになっていて暖かいし、耐久性にもすぐれているし、マシーンで洗える。

☜スニーカーをどうぞ

荷物に余裕があるときには、スニーカーを一足持っていくことをすすめる。キャンプ・サイトで寛ぐときには、足を重たくてかたいウォーキング・ブーツから解放してあげられるし、汗をかいて湿ったブーツを明日のために乾かしてやることもできる。実際、キャンプ・サイトにたどりついて、スニーカーにはきかえたときには、家に帰りついたようなホッとした気分になる。そうでなくても一日中歩いて痛めつけられた足を、せめてキャンプ・サイトではいたわってやりたいのだ。

１グラムでも荷を軽くすべきなのに……とある種のエキスパートは顔をしかめるかもしれない。ぼくの友達はいつもゴムのあのビーチ・サンダルを持ってくる。でもいいじゃないか、こういう贅沢のためにこそ、他の荷物を１グラムでも軽くしてきたのだ。3000メートルに近い稜線のキャンプ・サイトでビーチ・サンダルはいてのんびり夕陽を眺めながら、ジフィーズの五目かやくを有難くいただくなんていうのも、それはそれでいいのですよ。サンダルの分、何かおいしい食べ物を持って行きたい人はそうすればいいのだ。パジャマやネグリジェがなければ、絶対に寝た気がしないという人は、パジャマやネグリジェを持って行ってもいいのですよ。そして人気のない山の上だったら、ネグリジェ着て歩き回ったってかまうものか。誰もいないんだったら、誰にも迷惑はかからないのですよ。ただし、人の多いシーズン中は、パジャマやネグリジェ姿であんまりウロウロすると、

怒りだす人がいるだろう（ぼくなら、ヤルジャナイ！ って感心するけど）。

友達で、キャンバスとワイヤーでできた、小さな携帯用のホールディング・チェアーを必ず持ってくる奴がいる。テントを張り終えると、小さな椅子にチョコンと腰を下ろして、スペアの123でいつもインスタント・ラーメンを煮ている。あいつがどんな顔して山道を歩いていたのかを全々思い出せないのに、あのホールディング・チェアーに腰を下ろしてスペアの123をいじってるときの幸福そうな顔がありありと目に浮かぶ。あいつは、キャンプ・サイトであの小さな椅子に腰を下ろしたくてバックパッキングをしていたのかもしれない。

アルコールが好きな奴もいる。アルコールを飲むために山へ来るんだよ……って本人もいつも言っている。いつも一人でチビリチビリとやってる。「アルコールはかなり強烈なドラッグ（麻薬）の一種さ、合法だよこれは！」って酔うと言うのが彼の口癖。

山の上でお酒落を楽しむのが好きな奴もいる。一日の行動が終ると、彼のザックからは、いかにも洗ったばかりの上等のシャツとスェーターがでてくるのだった。そして彼は、いつもいかにも浮き浮きした気分で着がえるのだった。

バックパッキングは軍隊の行進じゃない。どうしてもそうしたいんなら、自分の楽しみや気晴らしに固執すべきだと思う。スニーカーは、汽車やバスのなかや、アプローチではくのにもいい。

☞大地を歩くための靴（ブーツ）について

　今ここに2足の靴があります。1足は1キロの軽いハイキング・ブーツ。もう一方は2キロの重くて頑丈で、でっかいマウンテニアリング・ブーツ（登山靴）。そして、あなたとぼくとで近郊の山へデイ・ハイキングに連れだって出発するとしましょう。ぼくは軽いほうのハイキング・ブーツ。あなたは重い立派な登山靴をはいて……。

　さて、あなたとぼくの歩幅がまったく同じだとして、つまり山の上まで同じだけ足を動かしたとしたら、あなたはぼくよりも何トン分もの余分な重さを運び上げたことになる。そう、1歩ごとに500グラム、あなたはぼくよりも余分に荷を運び上げることになるわけ。もしもその山の上まで1万歩でたどりつくとすれば、あなたはぼくよりも5トン分の重さを、歩幅の分だけ運び上げたことになる。（0.5kg×10,000＝5ton）。

　しかも、人間の足への荷重は、背中の荷の重さに換算すると、5倍分に相当するといわれている。要するに片足で500グラム重い靴をはくということは、結局1万歩のデイ・ハイキングで、あなたは25トンも余分の荷を自分の歩幅の分だけ背負いあげたことになるわけだ。重い靴をはくことが、いかに恐ろしいことかってことをまず報告しておこう。そして、この国の登山者がはいているマウンテニアリング・ブーツは、だいたい2キロ以上。立派な奴だと3キロもあるってことも。

　重くて頑丈で、でっかい登山靴は、大地をノッシノッシと象みたいに歩くためのものだ。これは重い荷を背負って、荷役動物みたいな憂鬱な気分で、大地をけとばしながら歩くためのものだ。少々の石ころや岩なら、けとばしたって平気なように足をガードするために、登山靴は重く頑丈に作られている。それから雪山や氷雪をよじ登るために、すごくかたくデザインされてもいる。

　けれどもぼくたちは、ヒマラヤの8000メートル級の雪稜を登るわけじゃない。冬のアイガー北壁をよじ登ろうというのでもない。

　登山用品店には、いかにもそれらしい登山靴がズラッと棚に並べられていて、こういうブーツを買わないと山歩きやバックパッキングが楽しめないかのように感じさせる。そして、こういう靴をはいている人はみんな、いかにも登山者やアウトドアズ・マンらしい雰囲気を漂わせているように見える。しかし本当をいえば、この大地や森や山を歩きつづけている人というのは、あんがいキャシャに見える軽い靴をはいている。

　スニーカーやランニング・シューズが、かたくて重い黒革の靴にとってかわったように、ウォーキング・ブーツも今、軽くて柔らかい靴が注目されている。大地を荷役動物のように歩くのではなく、草や枯れ葉や苔の感触をいつも足裏に感じながら歩いたほうが、ぼくたちはずっと幸福な気分になれるし、自然をいつも身近に感じていられる。そして、そういう軽くて柔らかい靴をはいたほうがずっと体にもいい。

　20キロ以上もの荷を背負ってのヘビーなバック

←ジョギング・シューズの名門であるナイキが、ハイキング・ブーツを売り出している。〝足下の1ポンド（453.5g）の重さは、背中の荷の5ポンド（2268g）の重さに相当する〟という考えのもとに、ナイキはこのブーツを3年がかりで開発したという。これは、いってみれば頑丈に作られたスニーカー。ゴアテックス地をバックスキンで補強してあり、少々の雨にも平気。そしてとにかく軽く。はき心地もやわらかい。日本人のためのサイズなら1足で1キロ以下だろう。
→登山界の人気者であるアメリカのリック・リッジウェイは、このブーツをはいてエベレストの5500メートルのベース・キャンプまで登った。日本でもキャラバン・シューズやアシックスから同じようなウォーキング・ブーツが発売され、今や軽登山靴のイメージは大きく変わろうとしている。

バッキングや登山ということなら、足の保護のためにも2キロ以上のブーツが必要かもしれない。しかし、大地とソフトに接触できることによろこびを感じるウォーカーなら、1キロちょっとのブーツで軽いバックパッキングを楽しむことだろう。

　重くて頑丈な靴をはくか、それともソフトで軽い靴にするか？　ということは、つまりはこの緑の大地をぼくたちがどう感じて歩くか、ということなのだと思う。

　もしもそうなら、山でも森でもそしてアスファルトの上でも、獣のようにソフトリーに歩くことを楽しむためのウォーキング・ブーツを、というのがぼくの意見だ。

　暖かい季節の、日帰りのハイキングならスニーカーでいいんじゃないだろうか。スニーカーは、1足で600～800グラム。踵の部分が深目にできていて、土踏まずや足底がぴったりなじむように、フォーム・パッドが詰めてある、しっかりとした作りのスニーカーがいい。ジョギング用のランニング・シューズなら申し分ないだろう。

　もしも新しいスニーカーを買うんなら、厚手のウールのソックスがはけるように、いつもより半サイズ大きめのものを選ぶことをすすめる。最近は、従来のスニーカーよりは、丈夫な作りの〝ウォーキング・シューズ〟なるものが、いろんなメーカーから売り出されはじめている。「ジョギング・ブームのお次は、ウォーキング・ブームでひと儲け……」とばかりに、今後ますます盛んにスニーカーのメーカーからハイキング・シューズが売り出されることだろう。

　最初から数万円もする登山靴を買うよりは、先ずは、何よりも歩くことの愉快さ幸福さを教えてくれる靴を買ったほうがいい。〝苦痛に満ちた習練の旅に耐えて、自然を征服する〟ためにぼくたちは歩くんじゃない。不必要に頑丈で重すぎる登山靴は、ぼくにはいつもあの愚かしい重戦車のように感じられる。

　ウォーキング・ソフトリー。野生動物のようにしなやかにスマートに……。

●ウォーキング・ブーツのT.P.O.

今ぼくが愛用していて、かなり気に入っているウォーキング・ブーツは、ダナー社のゴアテックス・ハイキング・ブーツ。バックパッキングであれ、デイ・ハイキングであれ、ぼくはこの1.6キロのブーツといつもいっしょだ。軽い上にむれないし、山を軽快にソフトリーに歩くことの楽しさを教えてくれたブーツである。

これはゴアテックスとレザーの組み合せによる本格的なウォーキング・ブーツだ。靴底は、ビブラム・ソールにスポンジ・ラバーをサンドイッチしてあるため、歩いた感じはショックがなくすごくソフトだ。それでいてスチール・シャンクが入っているので、重い荷を背負ったときにも足は十分にガードされている。そして、通気性が自慢のゴアテックスのブーツは、確かに足のむれが少ないので暑い季節にはうってつけかもしれない。

従来からの登山靴よりは、ランニング・シューズに近い構造の新しいタイプのハイキング・ブーツは、どれも軽くてはき心地がソフト。一度、こういうブーツをはいたら、もう昔からの登山靴に戻りたくない気がする。しかもダナーのハイキング・ブーツは、軽い雪山なら十分に通用するのである。濡らさなければ、革靴よりもむしろ暖かく感じる。

しかし、化学繊維と革との組み合せによるブーツには2つの重大な弱点があることを報告しておかなければならない。雨に弱いことと、耐久性に劣ることである。

理想の雨具用繊維として開発されたゴアテックスであっても、革靴よりも耐水性はかなり劣る。特に補強用のレザーとの縫い目から雨水がドンドン進入してくる。シーム・シーラー（縫い目の密封接着剤）をほどこしても、あまりよい効果はない。歩いているうちに割れてきてはがれてしまうらしい。よく手入れされ防水のためのオイルを塗った革のブーツよりは耐水性はかなり劣るようである。ゴアテックスのブーツは、むれが少ないので暑い季節にはいい。また濡れても乾きやすいというよさもある。

次に耐久性だが、これは長期間のトレールでは致命的かもしれない。上質な皮のブーツにくらべかなり消耗が早いと思う。特に重い荷を背負ったときには、余計にそうだろう。考えてみれば当たり前なことなのだが、皮のブーツはやっぱり丈夫だからこそ、靴の素材に選ばれつづけているのだ。

けれども、この2つの弱点を知っていてもなお、ぼくはダナーのハイキング・ブーツが好きだ。この軽さとソフトさは、これらの欠点をさし引いてもなお余りあるほどの、歩くことの楽しさを約束してくれている。

さて、登山靴またはハイキング・ブーツには何種類かのタイプのものがある。フィールドや季節の違いによって、ブーツの適正も少しずつ違ったものになる。

次頁の写真の上から、ダナーのハイキング・ブ

←ダナー社のこのハイキング・ブーツで一番気に入っているところは、"クレッター・リフト"という薄手のビブラム・ソールとラバー・スポンジのミッド・ソールを使いクッションをソフトにしていること（靴底の黒い部分がラバー・スポンジ）。そして何よりもサイズ7（26センチ相当）で1.2キロと軽いこと。耐久性の面で不安はあるが、これはハイキング・ブーツの明日を占うひとつのよきサンプルだと思う。

ーツ、次の2足はクライミング・ブーツ、その下
はワーク・ブーツと呼ばれるもので、一番下のは
渓流釣りのためのウェーディング・シューズ。

　ダナーのハイキング・ブーツは、日本では軽登
山靴と呼ばれるものにあたる。軽登山というと何
か本格的ではない感じがしてこのタイプのものを
嫌う人がいるかもしれないが、ぼくの経験でいえ
ば、このタイプの靴が冬山登山以外のウォーキン
グには一番向いているように思う。1足で2キロ
以下の重量の靴を軽登山靴と呼んでいるようだ。

　クライミング・ブーツは、岩や氷雪をよじ登る
ための靴で、底がものすごくかたく作られている。
右の製品は無積雪期用のもの、左側はセミ・ダブ
ルになった岩と氷雪用。このタイプの靴は、ウォ
ーキングをテクテクと楽しむためのものではない
が、軽い荷を背負って岩尾根や雪稜を登ったり降
りたりするのにはいい。底がかたいので足を傷め
やすいが、軽くできていて締まりもいいので、岩
登りを経験した者には捨て難い魅力がある。

　写真のワーク・ブーツは、レッドウィング社の
インシュレート・ブーツで、保温性、防水性が高
いので、あんまり歩き回らないときのスノー・キ
ャンプに愛用している。ワーク・ブーツはマルチ
ユースのアウトドア・ブーツということだが、足
首が深すぎるので、長距離歩行には向いていない。

　ウェーディング・シューズは、パンティストッ
キング・タイプの軽いゴムのウェーダーと一緒に
はく渓流釣り用の特殊な靴。底がフェルトなので
濡れた石でも滑りにくい。バックパッキングで渓
流釣りにでかけるときには、余分なブーツを持た
なくするために、この靴を愛用している。

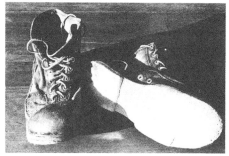

●すべてを求めるとすべてを失う

　ジョギング・シューズだって、夏なら3日間ぐらいのバックパッキングや山歩きを十分に楽しむことができる。しかし20キロに近い荷物を背負って、何日も山歩きを楽しみたいなら、やっぱりそれなりのウオーキング・シューズが欲しくなる。そして、お店屋さんの棚には立派な靴がズラーっと並んでいる。

　「あんまり重くない靴が欲しいんですけど」

　「どんな山に登りたいの？」

　「本格的な登山というよりは、のんびりバックパッキングが……、でも夏や秋には北や南アルプスも縦走してみたいし、冬には八ヶ岳ぐらいには登ってみたい」

　「テントを背負って行くのね、山小舎に泊まるんじゃなくて？」

　「ええそうです、まあ。5月の連休なんかには、上越の雪山なんかも歩いてみたいんです。防水がよく効いてる靴が、でも岩登りなんかは今のところあんまり……予算も……ムニャムニャムニャ」

　「それじゃあ縦走用だね。足のサイズは？」

　というようなことで、係の人の説明はいかにも自信に満ちていて、結局あなたは縦走用の3キロに近い堂々たる登山靴を買うことになる。値段は2～3万円。そしてあなたは、その日からなんとなく登山者の一員になる。

　しかしぼくたちに必要なのはマウンテニアリング・ブーツじゃなくて、ウオーキング・ブーツ、またはトレール・ブーツなのだ。だが日本には、世界中のありとあらゆる一級のマウンテニアリング・ブーツが揃っているのに、そうじゃない軽くてはき心地のいい、それでいてしっかりとした作りのブーツは少ない。日本ではすべてが登山界を中心にして回っている。だから登山靴は、何よりも登山靴らしくなければならない。より重く、より頑丈に、よりかたく、より登山靴らしく……。

　2キロ以内で、次頁の絵みたいなスッキリとしたトレール・ブーツがみつかるといいんだが。これはアメリカの西海岸のバックパッカーの間で愛用されているピィベッタ（Pivetta）というレーベルのブーツ。重量は7サイズで約2キロ。革はトップグレインのスムーズアウト（表革）、甲と底の縫い付け法がリトルウェイ・ウェルト式なのですっきりとしている。そして靴紐はD型リングやフック式ではなく、昔ながらのハトメで掛けていくのがいかにもスマート。登山靴らしからぬところが気に入っている。だが残念なことに、このようなスマートなブーツは、「中途半端な登山靴」扱いされ輸入されていない。

　革のブーツの良し悪しを決めるのは、なんといってもその素材である革の種類。牛のなめし革はそのままでは厚すぎるので2枚にそがれる。外側の油脂を含んでツヤのある革をトップグレインといい、内側のバックスキンをスプリットグレインと呼ぶ。トップグレインの革は高級で形くずれしにくく耐水性に富み、高級なブーツにはこれが使われる。トップグレインの滑らかで光沢のある表

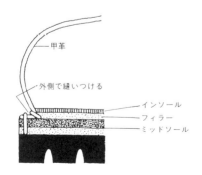

ノルウェージアン・ウェルト

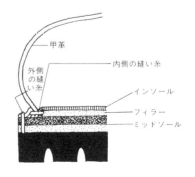

グッドイヤー・ウェルト

を靴の外側にだす方法をスムーズアウト（表革）といい、逆の場合をラフアウト（裏出し革）と呼ぶ。現在の登山靴の主流はラフアウト。「表革を靴の内側にもってきて裏出しにオイルを塗ったほうが耐水性がいい」という理由によるが、実際は一長一短。今はラフアウトの方が流行り、ということだろう。

スプリットグレインは表面をそがれているので耐水性がなく、耐久性にも劣る。しかし柔らかくて軽いのではき心地がよく、軽い夏のハイキング・ブーツにはいい。ただし型崩れが早いので重い荷を背負うのには向いていない。値段はグンと安い。

甲革が1枚革で作られているブーツは、縫い目が1か所ですむので、何枚かの革を何か所かで縫い合わせたものよりも、耐久性、耐水性に富む。

だが大きな1枚革は原価が高い。

甲と底の縫い付け法は下のイラストの4通り。ノルウェージアン・ウェルトとリトルウェイ・ウェルトで縫いつけたものが高級品。

靴底は、モトクロス・バイクのタイヤみたいなビブラムのラグソールが市場を独占。ラジアルみたいなのやフラットソールもあっていいんじゃないかとも思うのに、とにかくビブラム一色。誰かもっとソフトで耐久性にもすぐれ、滑りにくいソールをデザインしてくれませんかねえー。世界中ビブラムばっかりだなんて、おもしろくない。

さて靴のサイズ。厚手のウールのソックスをはいて、軽くツマ先で立ってみて（紐はしめない）、踵と靴のすき間に人差し指がやっと入るサイズがいいといわれている。いずれにしても、紐をしめあげて、靴の中で爪の先が楽に動かせないサイズでは小さすぎる。靴は縦方向にはのびないが、横幅ははいているうちに伸びてくる。つまり、幅は少々きつめでもいいが、長さはややゆとりのあるサイズを。靴のサイズを決めるときには、ソックスのはき方を計算して決めたほうがいい。

ブーツ選びのキー・ポイントは、1足ですべてを間に合わせようとしないことなんじゃないだろうか。雪山にも暑い夏のフィールドでも1足で間に合わせようというのには、やっぱり無理があるように思う。雪山は犠牲にして、春と夏と秋のフィールドを十分に満喫できるブーツを最初は選ぶべきなんじゃないだろうか。

新品のすべてのブーツは、街中でもいいから、最低1週間は必ず「慣らし運転」すること。

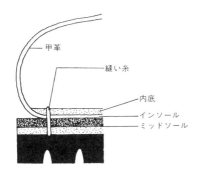

リトルウェイ・ウェルト

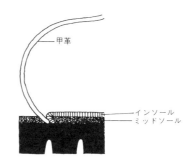

インジェクション・モールド

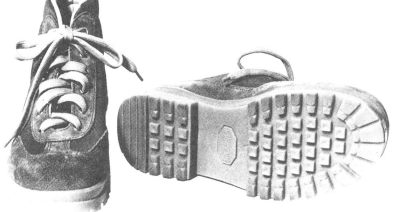

→ダナー・ゴアテックス・ハイキング・ブーツ　ゴアテックス地と皮を組み合わせることで、ウェット・タイプの軽い本格的なハイキング・ブーツにしてある。また、薄いビブラム・ソールにスポンジをサンドイッチし、靴底をソフトな構造にする。通気性が自慢のゴアなので、足のムレは確かに少ない。しかし、耐水性は皮靴よりも劣る。7ハーフ・サイズで1.2キロ。

←アソロ・スカウト　ナイロンのキャンバス地に、ツマ先やヒールなど力の加わる部分がスエードで補強されているハイキング・シューズ。内側には薄い柔らかいレザーが張られ、はき心地もソフト。雪山でなければ、こんなハイキング・ブーツがあればどこへでも行ける。重い荷も背負って……。一体成形の底はややかためだ。6サイズで1.1キロ。

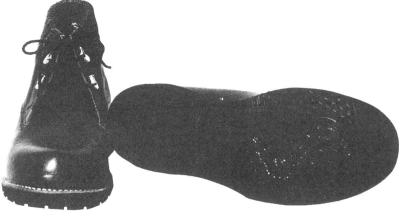

→ダナー・フォレスト・トレール　森の静寂をトレール（歩く）するようなウォーキング向きのフラット・ソールのブーツ。しかし、ソールにはスチール・シャンクが入っているから、案外ヘビーなトレッキングにも十分通用するだろう。トウキョウ・デザートをトレッキングするのにも最適なブーツですな。7サイズで1.2キロ。

➡アゾロ・ハイシェラ　ビブラムではない、ラジアル・パターンみたいなソールのハイキング・ブーツ。というよりは、これは甲が浅いから冬のタウン・シューズとしても十分に楽しめそうな軽い靴だ。ソールが薄くて軽くできているのでソフトなハイキング・シューズとして軽いトレッキングに向いている。6ハーフで一キロ。

⬅チョゴリザ・コンコルディア　かなり本格的なウォーキング・ブーツ。ビブラム・ソールとレザーのミッドソールの製品で、靴の作りそのものはヘビーなマウンテニアリング・ブーツと同じ構造。甲皮がソフトなデザインになっていて、バックパッキング向きのブーツといえる。軽い雪山なら十分に通用するだろう。25.5cmサイズで一.25キロ。

➡ザンバラン・フジヤマ265　ハイキングシューズのベストセラー。もう10年以上も売られつづけていて日本の登山者やハイカーには定評のあるはき心地のいいブーツ。イタリヤ製の靴だが、あなたのようにだんだん広の足の日本人向きの木型で作られているから、安心してはける。（外国製の木型は足の幅が狭く作られている）。25.5cmサイズで一.58キロ。

➡チョゴリザ・ゴアテックス・カメラマン・ブーツ　ダナーのゴアテックス・ハイキング・ブーツをもう少しヘビーにしたブーツという。どうしてカメラマン・ブーツという名前なのか？　スパッツがついているから、いいアングルを狙って足元の悪いところに踏み込んでも小石が入ったりしないのですよ。このスパッツ付きのブーツ、雪のトレールやロッククライミングにも使ったらよい。25cmサイズで1.42キロ。

◆ICIワークブーツ・トンビ型　「登山者みたいなのじゃなくて、何かこうトラディッショナルなブーツで旅をしたいんだけど……」という人は、こんなのはいかがかな。昔からの多目的ブーツの典型であるワークブーツにビブラムのモンタグナソールをデザインしたのがこれ。トンビ型というのは、ツマ先にまで縫い目がない靴のデザインをいうのであります。足首が少し深い分、ウォーキングには？なんて気にすることはない。25cmサイズで1.5キロ

➡チョゴリザ・ゴアテックス・コンコルディア　ゴアテックス地と皮の組み合せによるブーツ。ソールはビブラム・モンタグナで、堂々たる作りのウォーキング・ブーツというよりは、軽目のマウンテニアリング・ブーツだ。そんなブーツならどっしりと重い荷を背負って、モレーンの石ころの上を何の不安もなくトレールしていくことができるね。オーダーメイドなので、自分の足によく合った靴が作れる。25.5cmサイズで1.45キロ。

◆ノルディカー550B　これはもうマウンテニアリング、それも氷のクライミングなんかに向いたブーツ。こういうのはウォーキングというよりはクライミング・ブーツということだ。黒い表出し革をデザインした最近では珍しくトラディッショナルな感じのする登山靴のみごとな典型。こんなのに12本爪のアイゼンつけて、氷がはりついた壁を登ったりするのも、やっぱり、胸がわくわく熱くなるのです。6ハーフ・サイズで2.76キロ。

↓アゾロ・オルトレス フルグレインの一枚皮の裏出しマウンテニアリング・ブーツの典型といったのがこれ。20キロ以上の荷を背負っての高山の縦走から本格的な雪山にも使える、オールラウンド・オール・シーズンの軽目に作られた重登山靴？合わせベロ式のブーツよりも、このオルトレスのように袋ベロのデザインのブーツの方が、靴紐の締まりがいい。ぼくは袋ベロのデザインのブーツの方が、全体にスッキリしているので好きだ。7サイズで2.45キロ。

↑チョゴリザ子供用ブーツ コンコルディアとゴアテックス・コンコルディアの子供用サイズ。ブーツの作りは大人用と全く同じ本格的なもの。もちろん注文生産なので、どんな小さなサイズの靴でも作ってもらえる。こんなブーツをはいてトレッキングした子供たちこそが、21世紀のよきリーダーたちになりますように。小さくてかわいいブーツなのではけなくなったら、記念にとっておいてあげて下さい。

ブーツの手入れ

　あなたのウオーキング・ブーツは、もうひとつのあなたの足だ。泥だらけになったら、水とタワシで汚れを落としてやろう。日かげに干して、十分に乾いてから収納するようにしよう。オイルなめしのブーツなら、靴用のグリスやオイル（保革油）を擦りこんでやる。しかしオイルのやりすぎは皮を必要以上に柔らかくて型くずれをおこすので、ほどほどに。クロームなめしのブーツなら、シリコンの入った防水ワックスを塗る。

　雪を歩くときには、ワックスとシリコンを調合した〝スノーシール〟と呼ばれる専用のものが効果的。スノーシールには固型と液体のものがあるが、固型のものは溶かして液体にしてからゴシゴシこすり込む（熱湯のなかに缶を入れて溶かす）。スノーシールは、雨にも強い。

　縫い目にオイルやワックスをしみこませると、型くずれの原因になる。特にソールの縫い目は、ニスやエポキシの接着剤で縫い糸と縫い穴をコーティングしてあげれば、あなたのブーツはかなり長生きしてくれるだろう。またこうすれば、防水性もよくなる。

　ビショビショに濡れたブーツを、ヒーターや強い直射日光で乾かすのは厳禁。急に乾燥させると皮のブーツは、そっくり返ったりして型くずれしてしまう。まるめた新聞紙をブーツのなかに詰めて湿気を吸わしてやりながら（新聞紙は何度もとりかえる）ゆっくりと乾かすのがいい。

　収納するときにはカビに注意。湿ってたり保革油を塗りすぎたブーツはカビに好かれやすい。

●衣装計画は重ね着が基本

レイヤード

　"寒くなれば今着ているものの上に重ね着していき、暑くなれば一枚ずつ脱いでいく……"というのが、アウトドア・ライフの衣類の着方。重量に制限がある以上、"着替える"ということは贅沢を意味する。バックパッカーは基本的には、着たきり雀である。

〈レイヤー1／下着〉

　コットンの下着は、汗をかいて濡れると断熱効果がいちじるしく低下するので、寒い季節や高山を歩くときにはむいていない。しかし、コットンは吸汗性にすぐれている天然繊維だからこそ、アンダー・ウェアの王様なのだ。雪のない季節なら、ぼくはコットンのTシャツの愛用者だ。炎天下のウォーキングにはTシャツ一枚が一番。ドンドン汗を吸ってびっしょりになるが、同時にオーバーヒートぎみの体温で自然と乾いていく。

　何につけ専門的な製品を買わないと遊んでいる気がしない人には、フィッシュネットのシャツをおすすめする。写真のような網の下着で、この上にシャツを着ているときには、ネットの穴に空気がたまり暖かい。暑いときには、シャツのボタンを外してやれば空気が流通しすぐに涼しくなる、という代物。買うんならウール製がいい。コットンの製品は、バックのショルダー・ベルトが当たる部分が肩にくいこんで着心地がよくない。肩の部分に布を補強してある製品ならいいんだが。

　寒い季節にはウールの長ソデの下着とズボン下のペアが、やっぱりすごい。ウールは汗をかいても、肌に触れている繊維の末端は乾いていて暖かい。

〈レイヤー2／ズボンとシャツ〉

　シャツは中厚のウールの製品が着やすい。盛夏なら薄手、冬なら厚手ということか。ウールは、肌の汗を外へ汲み出す働きをするので、荷を背負って汗をすごくかいたときでもコットンのシャツほどには水分を吸収して濡れることはない。また、ウールのシャツは、コットンや化繊のそれよりも皮膚に柔らかく、バックの重さが当たる肩や腰のすりむけが少ない。そしてウールは、撥水性（水をはじく性質）と伸縮性にもすぐれている。

　パンツ（ズボン）は、ウールのニッカーが教科書通りの解答。ひざの屈伸がラクだし、脚が冷えない。ぼくも一着、厚手のものを持っているけど本格的なクライミングのとき以外ははいたことがない。ロングソックスが必要だし、いかにも山男の制服制服していて好きになれない。Gパンをはいていったり、コールテンやウールのパンツだったり、季節やフィールドや気分でいろいろはいています。

〈レイヤー3／スェーター又はベスト〉

　シャツだけでは寒くなってきたら、誰でもスェーターかベストを着る。山でもおんなじ。

　ウールのスェーターは、ダウンベストよりも暖かいけど、カサ張ると重い。寒い季節ならスェーターを持っていくが、夏ならダウンベストにする。ダウンベスト（またはファイバーフィルのベスト）

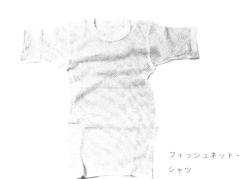

フィッシュネット・
シャツ

ダウンベスト

は暖かい季節のための価値あるアイテム。腕が自由に動かせるし、背中だけがちょっと冷えるときには、前をはだけて着ていればすごく快適。

〈レイヤー4／ウインド・ブレーカー〉

　風速が1メートル増すごとに、体感温度は約1度下がる。これを風冷効果というが、外気が＋10度のとき、風速が5ｍ／秒なら4°、10ｍなら－1°、15ｍなら－3°、20ｍなら－4°というふうになる（風速が20ｍ以上になると風冷効果はほとんど増加しなくなる）。体感温度というのは、風によって奪われる体温を計算して、実質的な外気温に換算したもの。つまり気温10°の外気の山の上で、風速10ｍの風に吹かれれば、－1°の気温の山の上にいるのと同じことになるというわけなんですよ。

　だから、夏でもやっぱりウインド・ブレーカーが必要。街用のジャンパーでもちろんいいんだけど、欲をいえば、腰までの長さがあってフード付きのものがいい。昔はアノラックとかヤッケと呼んだけど、今はマウンテンパーカといいます。

　現代のアノラックであるマウンテンパーカは、必ず前開きになっていて、体温調整に都合がいいようにジッパーとスナップ・ボタンの両方がデザインされている。ソデ口は風が入りこまないようにベルクロテープでよく締まるようになっていて、大きなポケットがいくつもついている。

　シェル（外布）は60％コットン、40％ナイロンの混紡繊維である、いわゆる60／40が主流。裏張りは薄手のコットンかシャツ地と同じくらいの厚さのウール地。シェルは防水性ではないが、撥水性があるので少々の雨ぐらいならなんとかしのげる。マウンテンパーカは、アウトドアのジャケットとしてばかりでなく、街着としてもコートがわりになる楽しくて実用性の高いガーメント（衣類）。しっかりとした縫製の60／40の製品なら一生物だから一着買っても損はない。

　ウールの下着の上にウールのシャツを着て、その上からウールのスェーターをかぶって、さらにマウンテンパーカを着こめば、雪山だってまずは大丈夫。それでも寒くて震えるようなら、あなたは冷え症なんでしようよ。遠征隊用のぶ厚いダウン・ジャケットとダウン・パンツが必要だね。もっといい方法は体質を改善すること。

マウンテンパーカ

☞衣類は人間の体温調整装置

　高い山の上の夏の一日は、一年の雛形なのだ。朝、太陽が昇ると春がきて、だんだん季節は夏に向かい、昼には真夏になる。それから午後の2時まで夏がつづき、秋に向かう。夕方とともに秋は深まっていき、日没は冬の始まりである。

　山の気温は、一日の温度差が大きい。北アルプスの稜線上では、真夏でも明け方に霜が降りることさえある。そして日中は、強い日射しが降りそそぎ、直射日光のもとでは気温は相当に上昇する。大気中の水蒸気が少なく空気も澄んでいるので、陽光のもとではたちまち暖かくなり、夜には気温は急下降する。曇った日や雨天の日中は、肌寒いほどだが、夜間になっても気温はそれほど下がらない。よく晴れた日の明け方が一番冷えこむ。

　新聞の片隅に、各地の最高、最低気温と、それぞれの平年差がのっている。夕刊には正午の気温が。中禅寺と富士山のそれが、山の気温の参考になる。その日の天候もでているから、何日分かつづけて目を通していると、その季節における山の上の気温の見当がつく。いずれにしても、夏でもどうぞ暖かいセーターをお持ち下さい。

　ところで、バックパッキングや山歩きは、かなりの重労働。

　朝、キャンプサイトで食事をしていたときには、レイヤー4まですべて着こんでもまだ少し寒かったのに、パックを背負って歩きはじめれば、たちまちレイヤー2まで脱ぎたくなる。さらに気温が上昇して登りがきつければTシャツ一枚になりた

いほど体は温まってくる。人間は、じっとしていればいくらでも着たくなるけど、体を動かしはじめればドンドン脱ぎたくなる。衣類という物を発明してしまったばっかりに、人間は他の哺乳動物みたいに自分自身で体温調整をすることができなくなり、衣類を着たり脱いだり忙しい。そして、人より見栄えのいい衣類を買う金をかせぐために、忙しく働くことになるから、人間はますます忙しくなるばかりだ。

　山歩きではなおさらそうなる。気温は刻一刻と変化する上に、登りがきつくなればなるほど暑くなるし、下りになれば涼しいし、休めばたちまち寒くなる。いちいち脱いだり着たりしてたら、全くラチがあかない。

　だから、ジッパーやボタンが必ずついていて、体温調整ができる衣類を持っていくのがいい。暑ければジッパーやボタンを外して外気で体を冷やしてやり、涼しくなれば逆に外気をシャットアウトして、暖かい空気が逃げないようにする。ダウン・ベストやパーカに、ジッパーとスナップ・ボタンの両方がデザインされているのはこのためである。寒いときにはジッパーをジーと全部かけ、暑くなってきたらジッパーを外して、スナップ・ボタンを適当にはめて、快適さを保つのですよ。ジッパーだけの製品なら、どっちの端からでも空け閉めできて、ベストの中央だけでもかけておくことのできるダブルスライダー式のジッパーがついてるものがいい。

このゴアテックスのレインパーカは、体温調整ということを執拗に追求したみごとなサンプル。ジッパーやスナップのかわりに、よりワンタッチでかけたり外したりできるベルクロ・テープを使い、目まぐるしく体温が変化する雨中での歩行時に機敏な体温調整ができるよう考えている。それに一番ムレやすい腋（わき）の下が空け閉めできるメカニズムに拍手。

日本は雨降り王国

日本は、温帯地方のなかでもとくに降水量の多い海洋性気候の島国。だからこそ、わが弧状列島は美しい緑。空から見れば、今だって緑一色の瑞穂の国（大都市の周辺は、灰色のデザート〈砂漠〉が緑をジワジワーと侵食しているけど）。

日本の年間降水量の全国平均値は1700mm。中部ヨーロッパの2.5倍以上。北陸地方の豪雪地帯や台風や梅雨による降雨量の多い西南日本の太平洋岸では3000mmを超え、熱帯の多雨地域なみ。雨がもっとも少ない北海道でも1000mm以上。

雨を嫌っちゃ罰が当たる。天がこれほどの雨を授けてくれているから、この弧状列島に住む人間は今も昔も繁栄をつづけていられるのだ。雨を気嫌いしていては、日本の自然をほんとうには旅することができない。雨に逆らっちゃあ、この自然は楽しめない。

しかし雨は、寒さや風よりも手ごわい相手。寒けりゃ着ればいいけど、水が相手じゃそうは簡単にいかない。夏だというのに霙まじりの冷たい雨に打たれて、森林限界のむこうの稜線を一日歩いてごらんなさいな。いい雨具に投資する覚悟ができるだろう。実際、10年間は使えるしっかりとした雨具は2万円か、それ以上もする。人類の英知を結集したような雨具を手に入れて、雨とできるだけ仲良しになるのは、日本のバックパッカーの課題。（ついでにご報告しておきますけどあなた、日本の雨の強度は熱帯なみ。降りはじめれば、ドジャーッとくるのですぞ。早春の雨期にチョボチ

ヨボっとしか降らないキャリフォルニアや、メイベル男爵のお住みになられている南オレゴンみたいなわけにはいかないんだ）。

けれどもけれども、雨具っていうのはすごく難しいんです。ウォーカーやバックパッカーは、やっぱりね歩かなくちゃなんないでしょ。防水が完璧なら完璧なほど、内側から汗でむれて濡れちゃうのね。ウレタンやゴムびきでコーティングして通

レインスーツを買うんなら、幾分ゆったりとしたサイズをどうぞ。ジャケットは腰まで十分に覆うたけがあり、パンツも十分に長いものを。ただし引きづるほど長いのは危険。フードは共地で縫い付け式がいい。取り外し式の製品もあるが、その分首すじに雨水が浸入しやすい。また縫い目がシーム・テープで補強されていれば、針穴から雨水が浸入することもない。蒸気透過性の素材で作られた製品がいいんだが。

気性がない雨具だと、汗が外に発散してくれないから、内側から濡れちゃう。気温が高いときのシトシトの雨だったら、着ても着なくても結果は同じようなものだ。でも冷たい雨だったら、そんな雨具でもあったほうがだんぜんいい。そうじゃないと、夏でもかなりやばい。森林限界の上の山稜で、コットンの衣類を着たまま雨に濡れて風に吹かれれば、外気が10℃以上あるときでさえハイポサミヤ（低体温症）でお陀仏になられたお人がかなりいらっしゃるんですぞ。

完全防水だけど、完全に通気性のない雨具、例えば使い捨てのプラスチック（ビニール）のコートやウレタン・コーティングやゴムびきのスーツは、ないよりはいいけどスマートなチョイスじゃないことをはっきり報告しておきます。

〈傘〉

風をともなわないシトシト雨で、しかも暖かい季節のそれなら、傘は悪くない。低山のデイ・ハイキングならぼくは傘の愛用者。手が不自由になるのが欠点だけど、傘はムレない。梅雨時のムレムレのシトシトピッチャンだったら、傘は通気性100％のいい雨具。レインパンツだけをはいて、この屋根と一緒に歩くのがいい。

これはぼくだけの感想かもしれないけど、日本

の雨には、傘はやっぱり雨具の王様。森林限界の上までゆく旅でなければ、そしてトレール（道）もよく整備された軽い山旅だったら、傘を差して歩くのも日本らしいバックパッキングのスタイル。樹林帯を行くだけの雪山なら、傘を差して静かな雪の降るなかを行くのも、日本的、ぼくは嫌いじゃない。

折りたたみ式の傘は、日本が世界に誇れるすぐれ物。安物の雨具に飛びつくんなら、傘でいこう傘で。

〈レインスーツ〉

よっぽど静かな雨のとき以外は、森林限界の上では傘は通用しない。吹きさらしの地形で風が吹けば、雨は横からなぐりかかってくる。両側が切れ落ちている稜線上や尾根道では下から雨が吹きあげてくる。上下式のレインスーツ必要ですよね、横なぐりやアッパーカットの雨には。

レインスーツを買うんなら、通気性のある、防水素材で作られた製品がいい。そこで登場するのが、雨はシャットアウトするけど体から発散する湿気は外へ逃がしてやれる、ワンウェイ・ウォータープルーフの布地。ジャーンご存じ "ゴアテックス"。

アメリカのゴア博士によって発明されたこのゴアテックス・ファブリックスは、"奇跡のワンウェイ・ウォータープルーフ布地" というキャッチフレーズで1976年に市場に華々しく登場し、あっという間に防水布地のスターの座についてしまった。この布地は、多孔質（マイクロポーラス）構造の四弗化エチレン樹脂（ＰＴＦＥと呼ぶ）の膜（フィルム）をナイロン地にかぶせた（ラミネート）ものだが、

バックを背負ったまま、その上からかぶれる式のポンチョがいい（バックボード・ポンチョ）。つまり背中の部分がその分長くできてる。バックのショルダー・ベルトやヒップ・ベルトでポンチョを体におしつけないので、通気性がよく汗がよく発散しより快適。

奇跡の素材たるゆえんの秘密はこのフィルムにある。つまりですねえ、このフィルムは防水性と通気性（蒸気透過性）を兼ねそろえているのですよ。科学的に説明すれば、このフィルムには0,2ミクロン単位の微細な孔が一平方インチ当たり90億個以上もあいている。この孔の大きさ（小ささ）は、水滴の2万分の1で水蒸気分子の約700倍という仕掛けになってる。であるからして、このフィルムは、水は浸入させないけど体から発散する水蒸気は自由に通過させることができるのである。

　とまあ、これはお勉強。ゴアテックスがなぜワンウェイ・ウォータープルーフと呼ばれるかをご理解いただければ、どうしてもムレやすいスーツタイプのレインギアは、ゴアテックスということになる。今のところみんなもそうおっしゃっておられるようです。

　ゴアテックスのフィルムは、油で汚れると孔がふさがって通気性がなくなったり、洗濯しすぎるとフィルムが剥離してくるという弱みもあるけど雨具の素材としては革命的。近代テクノロジーがその意地をかけて雨に対決をいどんだ心意気はさすが、ゴア博士に拍手を送ろう。ただしゴアテックスはライセンス製産なので、そのレインスーツは1万5000円以上はする。資本主義社会では、やっぱりお金がいつもからんできますなあ。

　ところで、化学繊維の超先進国である日本も、「ゴア博士にそんなに稼がせるのはクヤシイ！」とばかりに、東レが"エントライト"という防水・蒸気透過性の繊維を開発した。さすがは世界の東レ、やるね。エントライトはラミネート式ではなくて、コーティング式のワンウェイ・ウォータ

ープルーフ構造。ナイロン地に、ウレタン系樹脂とフッ素系撥水剤を湿式コーティングしたものだ。でも巷の声によれば、雨具の素材としては今のところゴア博士の勝ち。東レのエンジニア諸兄のさらなる努力に期待したい。

　レインスーツは大きめのサイズを選びたい。ウインド・ブレーカーとしても、もちろん着るわけだからウールのスエーターの上から着ても窮屈じゃないサイズを選ぶこと。そうでなくても、雨具は大きめのものの方がムレにくいし、防水効果も高い。

〈ポンチョ〉

　首をだす穴があって、フードだけがついている四角い布。ゴム引きの製品は重くてカサ張るので今はウレタンコーテッドのナイロンが主流。ゴアテックスの製品なら申し分ない。ポンチョは、ムレが少ないし、雨具としてばかりではなくグランドシートや荷物の雨覆いやテントのレインフライまたシェルターとして使えるという汎用性から根強いファンを持つ。パーティででかけるときには、一枚あると雨のキャンプサイトではいろいろと便利なので、あなたの友達にはぜひすすめたほうがいい。テント内には収納できないパックや荷物の露除けや雨覆いとして大いに活躍してくれますぞ。

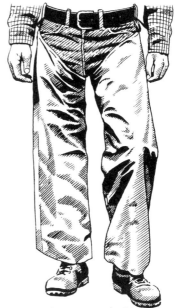

↑これがレインチャップスであります。

しかしポンチョは、風まじりの雨のときには、すそから雨が吹きこむので、稜線上ではやや不利。手が自由に使えないので岩場などでも歩きにくく、急峻な地形のフィールドでの着用は危険がともなうかもしれない。少なくとも、ポンチョをかぶって岩登りはできない。ただし、ウレタンコーテッドの製品なら、お値段は４、５千円と手頃。

〈レインチャップス〉

　もともとは、カウボーイが馬に乗るときにズボンの上からはいた両足が別々になった皮のチューブ。あのローハイドであります。ベルトから吊ってはく。股と腰の部分はむきだしなので、レインパーカの下につければムレにくい。雨露がびっしより下りた草むらの道を行くときにもズボンが濡れないで具合がいい。暖かい季節用のレインパンツとしてはいいものだ。ポンチョやレインパーカと兼用するわけだが、傘ともよく合う。

〈カグール〉

　最も完全に近い雨具は、膝まですっぽりと覆ってしまうプルオーバー式の〝カグール〟かもしれない。レインスーツよりムレないし、ワンピースだからその分、雨水の水はけもいい。休憩のときには座りこめば、空気をカグール内にため込めるので暖かい。

　カグールは、シュラフ・カバーの代用になる。また万一のときには、着用するシェルターとして霧雨ぐらいなら十分にしのげる。ウレタンコーティッドのナイロン製が多いが、ゴアテックスやエントライトの製品がいずれは売り出されるだろう。

　カグールは、残念ながら日本では入手しにくい。だいたいはアメリカ製で２万円ぐらいする。

↑ゴアテックスのカグールになら一万円札を賭けていいのでは。

☞いちばん幸福になれる衣類を

ぼくはコットンのコーデュロイのズボンがすごく好き。だから暑い季節以外はいつもコーデュロイのズボンをはいている。家でも仕事に行くときも、そしてバイクに乗るときもフライフィッシングを楽しむときもバックパッキングのときも。

コーデュロイは、雨に濡れれば水をたっぷりと吸いこんでしまうので、アウトドア・クロージングには向いていない、ってみんながいう。そんなことぐらいぼくだって知ってらい。でもぼくはコーデュロイのズボンをはいていく、冬山以外は。すっかり自分の体になじんできたコットンのコーデュロイのズボンのはき心地のよさは、もうたまんない。アメリカ製のカルバンクラインのGパンなんか目じゃない。ぼくはコーデュロイのズボンの、この質感と肌触わりと風合いと、それからこのほどよい暖かみが好きだ。ぼくはコーデュロイのズボンが一番好きだ。だからぼくは、バックパッキングにもこれをはいていく。一番好きだから、一番幸福な気分になれるから。それにぼくは、ザ・ノース・フェイス社のかなり上等なゴアテックスのレインパンツを持ってるから、愛してるコーデュロイのズボンを濡らしたりはしないもん。
「コットンのコーデュロイを愛する会」の会長（今のところ会員はぼく会長だけ）としては、"コットンのコーデュロイのズボンがいかに人間的なズボンであるのか"という、科学的な論評の数々をいつかは1冊の本にまとめたいぐらいなもんなんだが、今はガマン。

ぼくは、"自分が好きな衣類が、自然のなかでも一番自分に合ってる"ってことを言いたかった。「バックパッキングはさあ、やっぱりアウトドア・アドベンチャーの一種だから、それなりのクロージングを特別にセレクトしなければならないものなのだろうなあー」なんて考えやすいんだよね。雑誌や本はさ、おどかすのが商売だから、カタカナ使いたがってさ（この本は違うよ）。そう、好きなものは、街でも山の上でもかわりゃしないんだ。街ではいてて一番気に入っているズボンが、自然を旅するときでも、やっぱり一番あなたを寛いだ幸福な気分にさせる。

「ファッション産業の陰謀だよ」、ずい分だまされたからさ、余計にそう思うんだ（バックパッキング産業だって、あなた信じすぎちゃあだめよ）。食べ物もそうだけど、どこへ行ったって、「好きなものが一番好き」なのである。コットンのスウェットシャツ（トレーナー）がすごく好きな人は、やっぱりコットンのスウェットシャツを着ていけばいいさ。「細かいプリーツのウールのスカートじゃなければダメね」っていう女の人は、そういう非アウトドア的なガーメントで、バックパッキングしていいのですよ。

街と自然というものが、違うものだと教えられすぎた。大都会だって、一種の自然環境。真夏なのに、会社の中だけクーラーが効きすぎていればベストがあったほうがいい。山の上は平野部よりも、変化がちょっとオーバーなだけなんですよ。

家伝、パーカのたたみ方。ぼくがはじめてアノラックを自分のものにしたとき、"ヨシオ! フード付きの衣類はこうやってたたんでザックに収納するのだぞ"と兄さんが教えてくれたんだ。本体を細く折ってから小さくたたんでフードの中にしまいこむんだよ。

真夏のアプローチは熱帯ですぞ

ショーツがいい、Tシャツとショーツで行こう。日本の夏は熱帯なみの高温多湿。ウオーカーは、防暑ということにもっと気を配ってもいい。みんなちょっと信じすぎなんだよ。いわく〝機能性重視のヘビーデューティな衣服こそが、過酷な自然からきみを守る〟。〝アウトドア・クロージングは、街着などよりはるかにシビアな性能が要求される。それはもう道具と呼ぶにふさわしい〟。なんていう、カタログや雑誌のコピーライティングの信じすぎだよ。ぼくも昔、さんざん騙された。でも、真夏の樹林帯のあのうだるアプローチに厚いツィードのニッカーに毛系のストッキングをはいて歩くなんて、「えー、嘘でしょう！」としか思えない。風がこなくて気温は高いし湿度は100％に近いし、ショーツだよ、ショーツ。しかもコットンのダブダブの奴がいい。イギリス映画によくでてくる、アフリカ探検隊のおじさんがいつもはいてるあれだ。ブリティッシュ・スタイルのハイキング・ショーツが涼しい。

ダボダボのデザインのショーツのほうが風通しがよくて涼しい。バックがこすれる腰は、暑いときにはすごく汗をかく。ぼくはダボダボ半ズボンの愛好者。（東北の夏山のアプローチ、あのブナ樹のなかはほんとにすごいよ。じっとしてたってジワーと汗が吹きでてくるのが見えるんだから。

ましてや、重い荷を背負って急な山道を登ったらどういうことになるか、わかるね。カタログや雑誌のコピーライテングは、いつも半分はジョークなんですぞ）。

「でも、お父さんのサルマタみたいでイヤだよ……」って感じる人がいるかもしれない。もしもそうならストレッチのショーツなんかどうかな。ポリエステルとコットンとスバンデックス・ナイロンの混紡の布地で作ったショーツで、伸縮性に富みピッタリしてても歩きやすい（ということになっている）。ポケットもたくさんついてて、いかにもアウトドア・クロージングって感じのかっこいいルックスをしている。あれなら、父さんのサルマタには見えない。

上半身はTシャツでいい。胸に自信のある人は、タンクトップをどうぞ。

しかし歩いていて「少し涼しくなってきたかなあー」って感じたら、長ズボンにはきかえよう。脚を冷やすのはよくない。筋肉がつりやすくなるし、歩くのがだるくなるし疲れが早くなる。それに、足元が悪い岩の稜線とかモレーン（堆石）の上をゆくときには、やっぱりケガの予防のためにも長ズボンを。むきだしの膝はケガをしやすいし、膝のケガは直りにくい。

であるからして、暑い季節にはショーツと半ズボンのコンビをすすめる。うんと涼しくなったら、長ズボンの上にショーツをはいても逮捕されない。

これぞあの有名なキャリフォルニアのロッククライミングの神様、メルベル男爵のご親友であられるローヤル・ロビンズおじさんがデザインした、〝ロビンス・トウィル・ショーツ〟。コットン100％のシンプルそのもののショーツ。でも、このショーツは、バークレイのシェラデザインの直営店のセール（大安売り）で買ったんだぞ。

☞シャツについて一言

暑い季節にはコットンの半ソデ、もしくは薄手のコットンの長ソデ。それと薄手か中厚のウールの長ソデを持っていくといい。重ね着できるように、ウールのシャツは少し大きめがいいんだ。

ウールのシャツは高いものだが、ウィルダネスではやっぱり大活躍する。そして、自分の体によくなじんだウールのシャツは、柔らかくてあったかくて湿ってこないし、値千金。金持ちばかりがいつもいつも幸福とはかぎらないのですよ。大切に大切に着古して、自分の体つきのとおりに変形して少し縮んで目のつまった上等のウールのシャツの着心地のよさったらない。いつも新品にバッと買い換えちゃう金持ちや王様は、この幸福を知らないかもしれない。

コットンのシャツは、そんなに高いもんじゃないし、あなたの衣装箪笥にも古くなってめったに着なくなった奴が何着かはあるでしょ。それでいい。ことさらスポーツ・ショップで新しいのを買うほどのものではない。古くなった街着で十分。

だからウールのシャツについてもう一言。

何かといえば〝ヘビーデューティ、ヘビーデューティ……〟ということで、すごく重くてすごくカサ張ってすごく高い値段のシャツ・ジャケットがスポーツ・ショップやカタログに氾濫している。ぼくもアラスカン・シャツというのをずい分以前に、うれしがって買った。CPOとかスタッグ・シャツとかクルーザー・ジャケットなんていうのとほぼ同類の奴だ。しかしこの手のものは、バッ

クパッキングには向いてませんよ。ぼくのは700グラムもあるし、だいいちカサ張っちゃってバッキングできない。こんなの持っていくんだったらダウン・ベストとかスェーターとかパーカとか、他に持っていきたいものがある。これは、〝シャツ・スタイルのウールのジャケット〟ということ。だったら昔の英国の登山者みたいに、古くなったツィードのジャケットのほうが着やすいし、ポケットも使いやすい。それにタダ。

300～400グラムほどのウールのシャツがいろいろにレイヤードできて実用的なんじゃないだろうか。涼しくなったり、すごく暑くなったりするウォーキングには、一点豪華主義というのは、無駄があってよくない。〝ヘビーデューティ志向〟は、バックパッキングには向いていない。これからは、ライトデューティにライトデューティに、スマートに重ね着ですよ。重ね着。

ウールのシャツを買うんなら、冬物のセールで買うのが一番。正月休みが終ると、どこのファッション・ショップでもウールのシャツ半値以下で買える。そして、山にはいっていってよさそうなウールのズボンなんかも登山用品店よりも素敵な奴が安く手に入る（新大久保のICIの越谷店長、ゴメンナサイ）。ウール・シャツは、ソックス同様、大きめのを買って、冷水につけて縮ませてから着たほうが得（値段は同じ）。あったかいしつまった分だけ丈夫。ただし、ニュー・ウール80％以上の高級品じゃないと縮んでくれない。

ラグビー・ジャージーを選ぶのも頭のいい証拠。同じコットン100％でも、ジャージー地なのでけっこうあったかいし汗をよく吸ってくれるし、とにかく丈夫。ウールのシャツの唯一の欠点は、ウエスト・ベルトやショルダー・ストラップが当る腰と肩の部分がすぐにいたんでくること。ウールは摩擦には強くない。

☛頭はどーぞいつも大切に

帽子というものに対して、もう少し気をつかってもいい。日本人はあんまり帽子が好きな国民じゃないみたいだけど、帽子はソフトなヘルメットである。夏の直射日光に照らされ頭部がオーバーヒートするのをふせいでくれる。寒いときには頭を暖房してくれるし、雨のときもかぶっていた方が快適。それから、倒木や岩カドに頭をぶつけたときにもダメージを少なくしてくれる。まだある。食べられる木の実や山菜をみつけたときのカゴになるし、テントの中での小物の収納袋になる。

やっぱり頭は、人間のいちばん大切な部分。暑すぎても冷やしすぎても、すぐに気分が悪くなる。なんといっても、頭は人間の中枢部。こいつをダメにすると大変なことになりやすい。

自分がいちばんいい顔に思える帽子を発見しよう。右のページのイラストをよく見て。どんなタイプの帽子が似合いそうかな。暖かい季節用なら、好きなプロ野球チームの野球帽でもムギワラ帽子でもなんでもいい。でも、やっぱりツバ付きのものがいい。高山の強い日射しから、あなたの目と顔の皮膚を保護してくれる。雨のときにも顔を、雫で直撃されないし、フードの下にかぶるときにもツバがいい庇になる。

防暑のための帽子なら、ストロー・ハットがいい。日本のムギワラ帽は、世界に誇れる安くてグレートなサマー・ハット。あんまりドメスティックなせいか、最近は街では人気がないみたいだけど、自然が相手の田舎の人たちはまだまだ愛用してい

る。このツバ広のストロー・ハットは、とにかく涼しいし、顔を日焼けからまもってくれるし、サングラスもいらない。今年の梅雨空けの尾根歩きには、久し振りにムギワラ帽子をかぶっていこう。白雲湧きいずるクラクラするような高山の日射しのなかを、ぼくだけは涼し気な顔をして歩こう。ときどき谷から吹きあげてくる風に飛ばされないようにヒモをつけて。ムギワラ帽は、すぐれたレイン・ハットでもありますぞ。

寒い季節にはウールのウオッチ・キャップ（毛編みの縁なし帽子）がいい。帽子のスソを折りかえしてかぶるタイプのものを選ぼう。そうすれば寒くなったときに、ずり下して耳と首すじを暖かくしてやれる。ウオッチ・キャップは、夏でもバックにしのばせておいて損はない。高山の稜線の上で風に吹かれると、頭部がかなり冷える。

バラクラヴァは、クリミア戦争（1854年）のときの有名な戦場となった港町の名前からきている。もともとはこのときロシア軍がかぶっていた肩までくる戦闘帽からきている（バラクラヴァ・ヘルメット）。日本でも昔から〝目出帽〟と呼ばれ、雪山の必需品。ふだんは折りかえして、ウオッチ・キャップのようにしてかぶっているが、吹きすさぶ風のなかや吹雪になれば、サッとかぶりなおして絵の通り。もっと寒いときには鼻もかくして目だけをだす。だから目出帽。首すじまですっぽりとおおうことができるので、冷たい風に吹かれたときには有難い帽子である。

ローラー・クラッシャー

ハイキング・ハット

スポーツ・キャップ

ウォッチ・キャップ

シープスキン・キャップ

バラクラヴァ

バスク・ベレー

☞お金は使わずに頭を使いなさい

ちょっと涼しい気候のときには、すごくいいアイデア。スエットシャツ（日本ではトレーナーと呼ぶらしい）の半ソデをシャツの上から着れば、背中や肩が冷えないし、モコモコしない分、腕が自由に使える。実際、ウォーキングのときにはパーカーやスェーターを着ると暑すぎ、シャツだけでは涼しすぎることがよくあるもの。そんなときに便利なのがダウンベストだが、ダウンベストは重い荷を背負って歩くためには作られていない。ダウン（羽毛）やシェル（ナイロンの外被）がすぐにいたんでしまい、ペチャンコになっちゃう。ペチャンコになっちゃったダウンベストやファイバーフィル・ベストは、その分空気をフィル（詰め物）にたくわえられなくなるので暖かくなくなる。センベイ布団みたいに。

摩擦に弱いウールのシャツの上に半ソデにしたスウェットシャツを着るのは頭のいい証拠。あったかいしシャツがいたまないし軽快。

着古して肘が抜けたウールシャツを半ソデにして、ぼくもおんなじようにして着ている。薄手のコットンの長ソデのシャツの上に着ると、これがなかなかのもの。金を使って、アウトドア・クロージングなるものを買い込むばかりがアウトドア・ライフじゃありませんよ。Do more with less ということが、これからの時代の合言葉。みんなそれぞれに頭を働かして工夫した出で立ちで、ウォーキングを楽しみましょうよ。チープにシークに（シックって言うと、エッ病気って言われるよ）

やってこそ個性的というもんです。お金は使わずにスマートにスマートにやりましょうよ。その分、いろんなフィールドを歩こう。

話はちがうけど、ショーツで歩ける季節なら、ズボンのかわりにスエットバンツを持っていくのもいいですよ。少々バルキーだ（カサ張る）けど、裏がパイルになったコットンのスエットバンツがいい。寝袋で眠るときにはいいパジャマになります（スエットバンツを着て眠るのが好きだ。寝袋のナイロンのシェルは、肌ざわりが最悪だし汗を吸ってくれないので気持ち悪いよ）。もちろん夜や寒い日には長ズボンとしてはけばいい。スエットバンツの上からショーツをはいても、けっして犯罪にはならない。ただし男の子の場やいには、オシッコのときにちょっと。社会の窓（今はこんな言い方はしないのかな）がないから、いつものように早撃ちできない。

ショーツで十分に歩き通せそうな季節やフィールドには、スペアバンツとしてスエットバンツを長ズボンがわりに持っていくことにしてます。スエットバンツをはいて、寝袋にもぐり込むのが好きだから。

思い出したんだけど、女の子やオバサンがときどき着ている半ソデの毛編みのスエーターもすごくいいだろうと思う。あれはチョッキの一種かな、なんていうんだろう。スエーターよりも汗をかきにくいだろうし、軽いしいいもんですよきっと。大き目の奴を誰かに編んでもらいなよ。

●ウィルダネスにおける洗濯の知恵

「厳冬期のアイガー北壁に、いつかは必ず単独で登ってやるぞ」なんて、まさか本気で思ってないよね……ぼくとおんなじ考えでしょ。だったら、ほんとに靴下は、一日に一回ははきかえたいんだよね。許されるんだったら下着も（これはちょっと「お前の考えは〝軟弱〟」っておこられるかな）。「軟弱だっていい。はきかえたい」って思えば、5日間の旅だったら5足いる。そうじゃなくても長旅のときには荷物は1グラムでも軽くしたいのに。困った、困った。

洗たくするしかありませんな。「2日も3日も同じソックスや下着つけてるなんて野蛮よ！　バカみたい」って感じるんなら。

大きな川のそばにいて暇があるんなら、川の流れに洗ってもらえる。ソックスや下着を、細いロープにゆわいつけて、川に流すのだ。もちろん、重い石や水辺の枝にロープの端は固定して。2時間で、かなり汚れが落ちます。流水は、天然のウォッシング・マシーン。ほんとですよ。速い流れなら、洗剤なんか使わなくてもかなりきれいになる。流水の洗浄力というのはすごいもんです。ただしこの洗濯法は、ヤマメやイワナが棲むはずの源流部でやっちゃいけない。常識だよ、下流にいるバックパッカーに失礼じゃないか。

流水の助けを借りちゃいけない、川でいえばその源流部を旅しているときはどうするか。バックパッカーは、ほとんどそういうフィールドを行く旅人である。

レインパーカやポンチョに水をためて、バケツがわりにしなさい。川原の石と石の窪みにレインパーカかポンチョを敷いて、へこんだところに水をためるんだ。必要なら石を組んで〝凹〟こうなるようにしなさい。暑い季節で暇があるんなら、太陽がぬるま場にしてくれるまで漬けておきな。ストーブで湯を沸かして洗たくするのは、いつもストーブの燃料を多めに持って歩いているバックバッカーの贅沢または気晴らし。温水は、洗剤なしでも脂汚れをよく洗ってくれる。

流れや水源から、50メートル以上離れている場合にかぎり、ケミカルじゃない天然の植物油脂で作られた石鹸なら使ってもいいだろう。でも、山の中で、石鹸をむやみと使うのはスマートじゃないよ。実際、きれいな水に浸けて一度しぼってやるだけで、文句なくサッパリするものです。

☞たったの30グラムのすごい奴

バンダナは、実際たいした代物である。絞り染め模様の、この大きなコットンのハンカチは何にでもなっちゃう魔法の布切れである。

夏の暑い日盛り、四隅にコブを結んで帽子にする。水に濡らしてかぶれば気化熱でとても涼しい。そのままハンカチになるし、テント内では小物の袋になる。木イチゴなど食べられる木の実をつんだときのカゴにもいい。このバンダナの帽子は、田舎のオバサンに好かれる。「わたしとおんなじねぇー、ハッハッハッ」というわけで、手拭いのスカーフを指さして笑う。山菜採りに来ていたそのオバサンは、コゴミをどっさりくれた。

クッキングのときには、ナベつかみとして重宝。もちろんフキンがわりにもする。またテント内ではナベ敷きにも。

よく食いこんでいるテントのペグを抜くときに使う。絵のように輪にしておいて、ペグのカギに引っかけておもいっきり引き抜いても手がいたくない。

ヘアーバンド、スカーフ、三角巾、包帯、それからテープの代用として（止血帯にも）。

釣ったイワナやヤマメを包んでおくのにも使った。濡らしておけば、気化熱で魚のいたみを少しは遅らせることができる。

混雑しているテント場で、引き綱に結んでおけば、うっかり引き綱につまずかれてテントを倒されないですむ。

まだある。2枚結べば涼しいブラジャーになる。

水浴したいときのフンドシとしても使えそう。帽子の下にかぶって、ヒラヒラたらしておけばいい日除け（砂漠の人たちみたいに）。

助けを求めたり、インディアンに降伏するときには、木の棒の先に結んで旗にする。森の中で道に迷ったら、細く裂いて木の枝に結んでいけばいい目印。エマージェンジーの目印になりえることを考えれば、バンダナは"赤"いのが本式ということになる。

カウボーイは、バンダナをいつも首に巻きつけていた。そして、砂嵐が来たらさっとたくし上げてマスクにした。また、ならず者は銀行におし込むときの覆面に。

ぼくのバンダナは55センチ平方で30グラム。たったの30グラムでこれだけの仕事ができるバンダナはすごい。

手拭いは、長方形の日本のバンダナ。だいたいバンダナと同じような使い方ができるだろうが、長方形であるがゆえにもっとユニークな使い方があるかもしれない。最近はあんまり見かけなくなったけど、昔のエキスパートは必ず腰に手拭いをぶらさげていた。あのような美しい伝統的な習慣がなくなってきたのは残念。日本の手拭いよ、アメリカ生まれのバンダナに負けるな。

しかし、バンダナや手拭いのこの実用性の高さは、それ自身のもつ実力というよりは、人間の頭のよさの証明。これは、シンプルなものの方がかえって実用性が高いという見事なサンプル。

☞シンプルなモデルが真に実用的

今までに何種類ものビクトリノックス社のスイス・アーミー・ナイフを使った。無くしてしまったり、旅で世話になった人に友情のしるしとしてプレゼントしたり……、その都度違うのを買ったから全部で6種類のモデルを使った。

今は2本目の"トラベラー"というモデルを使っている。1本目はすぐに落してしまったが、そのお返しにイエローストーンのマジソン川の畔で今の奴を拾った。トラベラーの装備は以下のごとし、これはちょっとした工具箱である。2枚のブレード、ハサミ、マイナスのドライバー付缶切り、マイナスのドライバー付栓抜き、リーマー（穴あけぎり）、コルク栓抜き、ピンセット、ツマヨウジ、重量は、きっかり100グラム。

旅にでてこのナイフを使わない日はない。しかし、なくてもいいものがある。ハサミと小さい方のブレードは無用。一枚のブレードがあればすべてすむ。小さいのなんかいらない。コルク栓抜きは使ったことがない、ツマヨウジも。しかしピンセットは、トゲを抜くのに便利だった。

結論！　"ハンディマン"とか"チャンピオン"などという20徳以上の物が装備されているモデルは、一種のジョークである。厚すぎて手になじまないし、結局、何ひとつ使うにしてもてんで使いにくい。それに重くて（150ｇ）カサ張るのでポケットに入れておけない。トラベラーズでさえ、ポケットのなかでは少しゴロゴロする。

今まで使ってみて、一番に実用性が高かったのが、写真の上の"パイオニアⅠ"。本体がアルミ製なのでその分頑丈。無駄なものがなく真に実用的なポケット・ナイフだった。そしてこのモデルこそが、スイス軍に正式採用されている本当のスイス・アーミー・ナイフ。重量は75グラム。

写真下のモデルはボーイスカウトが愛用しているという"パイオニアⅡ"。ブルーナーと呼ばれる剪定（せんてい）用のブレードが付いていて、ノコギリとでっかい突き針を装備している。このノコギリはかなりよく切れて実用になる。缶切りがないのが淋しい気もするが、ブルーナーは缶切りの代用になる。重量は90グラム。

以上2つのモデルのブレードは、プラスチックの柄のモデルよりもよく切れる材質を使っている。ビクトリノックスのスイス・アーミー・ナイフで真に実用性が高いのはこのアルミの柄のシリーズ。

このような皮のシースに入れて腰のベルトからつるしておけば便利だし、なくしてくやしい思いをしなくてすむんですよ。

☞使い捨ての容器は宝物

　台所に入りこんで、ちょっとさがしてみただけでたちまちいろんなコンテナーがみつかるだろう。

　軽くてフタがよく密封されて、こわれにくい容器がいい。食品のパッケージには実に見事なものがある。買ったらけっこうするだろうに、なんと使い捨て、もったいない話だ（本当は、消費者がこれらの高価な容器代を支払ってんだよ）。

　ちょっとドメスティックすぎるけど、くず餅用の糖蜜入れは油やショウ油の手頃なコンテナー。ナッツやドロップの空き缶はスナック入れにいい。「もっとシステマチックにやりたい」って思うんなら、理科の実験器具屋さんや薬品専門店にでかけていけば、写真の下の左のボトルみたいなのが売っている。大きさも揃っているし、いい液体入れ。でも、いろんな容器をなんでもいいからとっておいて、その都度よさそうなのを使ったほうが実際的ですよ。35ミリのフィルム・ケースは、いい調味料入れや塩入れに。

　登山用品店でも、いろんな容器が手に入る。卵入れやバター缶なんてのもある。一応は「なるほど……」と思わせる容器に見えるが使ってみればそれほどのもんじゃない。卵だって、チリ紙を上手に詰めながらパッキングすれば、ナッツの空き缶で十分に運べる。冷蔵庫用のプラスチックの容器やステンレスの小さなフタ付ボールなんかも借りればいい。

　バックパッカー用にデザインされたもので、愛用しているのは下の写真のポリスクイーズ・チューブという代物。このプラスチックのチューブは底が外れるようになっている。オイルやショウ油はダメだが、バターみたいなものには使える。インスタント・コーヒーやココアに砂糖や粉ミルクをミックスしておいて使う人も多い。底の止め具

を外してきれいに洗えば、何度でも使える。2本で500円ぐらいのものだから、上手に使えば損はない。

　"容器"というものは、実におもしろいもの。何をどんな容器にパッキングすれば一番便利かを知っていくのは、いい頭の体操になる。

日本人の弁当箱（オカズ入れ）がアメリカのバックパッカーの間で人気。シアトルのアーリー・ウィンター社がカタログに大きくのせて売り気満々。「ここに東洋で発見した新しくて実用的な宝物がある。極東で"オベントウ箱"と呼ばれている日本のこのピクニック・ボックスは、みごとなコンテナーであります。つぶれないし、耐酸性だし……水がもらない。アルミニュウム製のこの美しい容器は、食べ物やその他いろいろな物を入れていくのにぴったりである」以下えんえんと、この弁当箱がいかにすぐれた物で、何を入れていけるか具体的に説明している。大が＄4.95で小が＄4.45。両方買えば45セント安くなって＄8.95。

☞アルミの水筒は腐食にご用心

サラダオイルやショウ油や液体洗剤のプラスチック容器は、みんないい水筒になる。水が多い季節や渓流沿いのトレールを行くんなら、あんまり大きな水筒はいらないかもしれない。でも、1リットルは入るものを持っていったほうがいい。食事の仕度をするときには、水のくみおきがあったほうがいい。いくら水場のすぐそばのキャンプサイトだからといっても。

プラスチックの水筒は、水にニオイが移る。一日、くみっぱなしにしておいたプラスチックの水筒の水は、実にイヤなニオイがする。せっかく山頂でおもいっきり飲みほそうと大切にしておいた水に、あの石油製品のゾッとするニオイが移っているのは旅の気分をメチャメチャにする。

もしも水筒を買うんなら、アルミニューム製の製品がいい。ちょっと高いが、フランス製のグランドテトラかスイス製のマルキルをすすめる。アルミの水筒はこの2社の製品が市場をほとんど独占していて他社の製品はほとんどみかけない。いずれもワンタッチ式の口栓が取りつけてあり、使いやすいし、水もれはない。ただし、口栓のワイヤーを最後までしっかりロックしておかないと、何かの拍子で栓があいてしまうことがある。いずれにしても、液体のコンテナーをパッキングするときには、万一栓があいてしまってもこぼれてしまわないように収納すれば大事にいたらない。

両社とも0.5ℓ、0.55ℓ、0.75ℓ、1ℓ、1.5ℓの5種類の容量のボトルを作っている。写真左のずんぐりむっくりしたのがグランドテトラ社製で、右のスマートなのがマルキル製。値段は1ℓサイズでマ社が2,200円ぐらい、グ社のが3,300円。

アルミニュウムの水筒は、ときどき劣化したゴムのパッキングを取り換えてやれば一生使える。しかしアルミニュウムは、腐食してくるとその成分が人体にかなり有害なので注意が必要。旅から帰ってきたらよく水ですすいでから、栓をあけっぱなしにしておいて完全に水を切るように心がけるべきだ。また、炭酸飲料やブドウ酒は、アルミをすぐに腐食させるので入れるべきではない。1週間も入れたままにしておけば、簡単に穴があく。アルミは酸にはとくにおかされやすい。

その点、重いけどブリキの水筒は安全かもしれない。鉄は錆びてきても平気で使える。鉄ビンの水がそうだけど、かえって身体にはいい。ただし赤錆びて水が変色するようなものは論外。そんなわけで今でも重い鉄の水筒しか使わない人もいる。

キャンプサイトに水を運び上げなければならないような場合には、ウォーター・キャリアーがいる。写真右のボクニア・ウォーター・キャリアーは折りたためるプラスチック製で10ℓと12ℓと20ℓのサイズある。写真左はL.L.ビーンズが売り出したことのあるナイロン地のバケツ。軽くてポケットに入っちゃうし便利なウォーター・キャリアー。でも吊るしてやらないと自分では立っていられない。

☞THE 10 ESSENTIALS

10エッセンシャルズ（10の必携品）というのは、ウィルダネスを旅するときには、最低限必要な個人装備。たとえパーティーを組んででかけるときでも、各自が必ず持っていくべき必携品のこと。万一ひとりになって道に迷っても、2〜3日ならなんとかやっていくためのサバイバル用心構えというべきものだ。そして、この10の必携品を肌身はなさず持って歩くことで、"万一のことがあっても慌てないですむ"ということが重要なのですよ。

10エッセンシャルズは人によって少しずつ違うかもしれない。しかし要は、「ぼくは最低これだけの物があれば、仲間とはぐれて道に迷っても、十分なんとかやっていけるぞ」という"安心さ"を持っていくことが重要。サバイバル（生き残る）な状況というものは、何の予告もなしに突然にやってくるからこそサバイバルなのである……。10エッセンシャルズは、たとえ日帰りのハイキングのときでさえ、デイパックにしのばせておくべきアイテムのことであります。

これらの必携品は、できるだけひとまとめにしてスタッフバッグに収納しておくように心がけるべきだろう。そうすれば、「ギョギョッ、懐中電灯がどこにも無いよ」なんてことにならない。
①マッチは、あくまでも予備用の物ということでビニール袋で完全密封するか、市販の防水マッチボックスに入れておく。
②予備の食料も、あくまで非常食ということ。やたらと手をつけないこと。昔の日本のアドベンチャーは、スルメイカを持っていった。人間は、3〜4日何も食べなくても死ぬことはない。しかし"空腹"に対する恐怖心は人を狂わせる。スルメイカの足をしゃぶっていれば、空腹感は不思議とまぎれるし、心を落ちつかせる。「わらじをしゃぶって生き残った」という話は、実際にかなりたくさんあるのですよ。
③の磁石と④の地図は忘れる人はいませんよね。そう信じます（信じるしかない）。
⑤のナイフは、ポケットナイフでよろしい。野蛮人が襲ってくることもないし、樹を切り倒して小屋を建てて10年間もサバイバルしようっていうのはまた別の話だ。
⑥懐中電灯の余備の電池と余備の電球も。暗い新月の夜だったら、日が暮れただけで動きがとれなくなっちゃう。100メートル先に自動車道があるのに遭難した人もいるんですよ。これがなくて。
⑦救急医療キット。持病があればその特効薬を。アルコール大好き人間は、少しは持っていったほうがパニックにならないかもしれない。
⑧サングラス。雪山以外では東洋人は不用かも。
⑨ファイヤー・スターター。焚火は人の心を落ちつかせる不思議な力を持っている。パチパチ燃える焚火の炎をみていれば、あんまり悲観的にならない。焚火は、ウィルダネスのクッキング・ファイヤーであり、ヒーターであり照明であり、森の夜のけっしてあきないテレビジョン。
⑩レイン・ジャケットがあったほうが万全である。

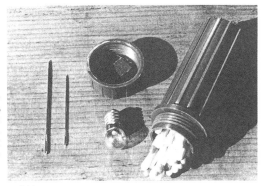

ぼくは防水マッチボックスに、電球のスペアと縫い針を2本入れている。そして、電球のスペアと針は、何があってもこのマッチボックスに入っていることにする。自分なりの工夫やシステムは、自分で考えて自分で実行して、そのことに固執する。確固たる自分の信念や自信ということが、パニックからあなたを守るのである。そうでなくても、"自信というものはいつも脆くもくずれる"ものだから……。

☞ソフトハウスを背負って

　旅の最初の日、ずっしりと重いバックを背負い上げていよいよ歩きはじめるときには、いつも胸が踊る。肩を何回か揺すってからウェストベルトを締めて、それからショルダーストラップをほどよい長さに調整して……もう一度バックを大きく揺すってみてから歩きはじめる。これから人や金の力を借りずに、車も荷役動物の力も借りずに自分だけの力、自分だけの足だけが頼りの旅がはじまるのだ。

　台所と食料と、それから小さな柔らかい布の家であるソフトハウス（テント）を自分の背に背負って、お望みとあらば10日間以上もの旅ができるのだ。山歩きやバックパッキングは、すごい遊びだとときどき思う。こいつはもう現代人にはたまらない遊びだ。自分の足で歩くことさえ、ほとんど必要がなくなってきている文明社会のなかにあって、こんな馬鹿げたことをする人間が他にいるだろうか。ギャラリーは一人もいないし、賞や金をもらえるわけでもないし、自分の金と自分の暇と自分の体力だけを使って、何日も自然のなかを旅するなんて、マトモな文明人のやることじゃないですよ。実際マトモな文明人を自認している人間にとっては、「バックパッキングなんて考えるだけで血圧がはね上ってしまう恐ろしい悪夢」にちがいない。

　しかしぼくたちは知ってしまった。近代テクノロジーに支えられた都市環境というものから、ときどきこっそり抜けだして、自分の力だけで山野を幾日か歩き回ってみることの禁断の木の実の味を。そして、一度しっかり味わってしまったらもうやめるわけにはいかない。この20世紀末の文明や文化がどんなものであれ……"自然のなかを自分の足だけで何日も何日も歩いてみることの愉快さ、自由さ、幸福"を知ってしまったら、「山が呼んでいる。私はいかなければならない。」（ジョン・ミュア）というふうになる。

　「フェラーリの新車とモトグッチのルマンと、そ

れからテニスコートあげるから、近代テクノロジーの威信に反逆するのはやめてよ」なんて頼まれても、ぼくだったら止めはしない。心を自由にして、自分の体と心をひとつにして、すべてを忘れきみを忘れ、ただ野山を歩くことのこの気分のよさはどうだろう。物やお金がいくらあっても絶対に味わえない、何か違った世界のたのしみごとなんですよ、これは。

バックパッキングというのは、"現代"という時間を止めて、違う時間、違う世界を具体的に生きてみることなんじゃないだろうか。そして、背なかのバックは、そんな遙かな世界へ旅立つための夢の時代へのタイムカプセルである。

昔々、今からおよそ1千万年前、歩くことから前足を自由にしたサルが人間になった。自由になった2本の前足、つまり手はいろんな物を自由につかめるようになり、人間は道具を使えるようになった。手で道具を使うことで、人間の大脳はいちじるしい進化をとげ、いつか"火"を使うことを知った。やがて人間は、物を自分の背なかで背負って運ぶことを発見した。これは革命的な発見だった。生活環境が広がり、人間は新しい世界を知った。今まで行けなかったところにも平気でいけるようになったのだ。

必要な荷物を背負って移動することで、人間は新しい生活環境を自分たちのものにしていった。そして人間は、つい最近になって馬や牛を育てて自分たちの荷物を運ばせる方法を学び大いに繁栄した。またごく最近になってスチーム・エンジンや内燃機関を発明し、使役動物のかわりをさせるようになって、さらなる繁栄をなしとげた。メデ

タシ、メデタシ。

実をいえば、人間は地球の上で唯一のバック・アニマルなのだ。人間だけが荷物を背負うことを学んだ動物である。馬やラクダは人間のかわりをやらされたにすぎない。

人間の身体は、ときどきは荷物を背負うように作られているんじゃないだろうか。山道を歩くときには、背中に適度な重さの荷があったほうが、妙に歩きやすくて疲れないのは、どう説明されるのだろう。実際、人間は手に持ったら1時間と歩き通せない荷物でも、背なかに背負ってしまえば一日中でも平気で歩くことができる。人間の背中はたいしたものなのである。

自分のための荷物を背負ってときどき一所懸命に歩くのはいいことだ。そして自分で運び上げた荷物だけの力を借りて、自然のなかで体と心を寛がせてやるのはいいことだ。バックパッキングとは、文字通り"荷物を背負って"という意味の遊びなのである。"荷物を背負って"何がそんなにおもしろいのか？　自分でかついでみなけりゃわからない——。

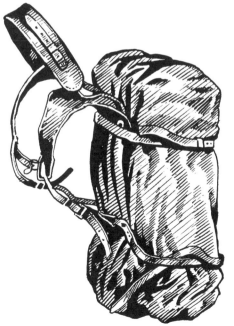

人間はいろんな荷物の背負い方を考えた。そして、そのためのいろんな道具を工夫した。長い間、背負うことは人間の生活の一部だった。これは、ヘッド・ストラップ付きのバック・ハーネス。大きな荷を背負うときに、ヘッド・ストラップを額にかけて肩への荷重をやわらげる方法は、今でも世界中で人気がある。

☞フレームパックはきみの味方

　台所と衣装箪笥と寝具と、それからソフトハウスを詰めこむためのパックは、バックパッカーのスペース・シャトルである。このパックがなければ、ぼくたちは半日でたどりつけるところにしか行けない。パックは、小さな家全体を運ぶための魔法のキャリアーである。

　個人差も大きいけど、人間は15キロまでの荷物までだったら大した苦労なしに誰でもが背負うことができる。ただし、よく考えられたパックの力を借りればである。

　現代のフレームパックは、人間工学の波打際からの産物である。近代テクノロジーの力を借りて、このような道具をまじめに作りだす人類は、まだまだ捨てたもんじゃない。そして、このパックのなかにはNASAが開発したいろんな新しいものが詰まっているのだから、愉快である。

　パックフレームは、軽合金のパイプのフレームに、パックを取り付けたもの。いってみれば、ナイロン地のパックが最初からデザインされた背負子である。パックは大小幾つかの部屋（コンパートメント）に分けられていて、どのコンパートメントに何を入れていくべきか、だいたいきめられている。そしてフレームパックは、荷物をきめられたところにポイポイと詰め込んでいけば、それで十分に背負いやすいようにデザインされている。パック・アニマルの初心者にはフレームパックがいい……といわれるのはこのためなり。

　昔、キスリングと呼ばれるショルダー・ストラップだけが付いた大きなキャンバス地の袋に、上手に荷物をパッキングするのは、職人的な経験と技術が必要だった。そして、その経験と技術を自分のものにしなければ、軽快に荷物を背負うことができなかった。

　戦後アメリカのフィールドで完成されたフレームパックは、誰でもがすぐにソフトハウスを背負ってウィルダネスの旅を楽しめるようにデザインされている。暖かい季節の15キロまでの荷物の旅だったら、自分を使役動物みたいに感じないで、楽しい旅ができるだろう。フレームパックは、ウィルダネスの旅を一部のマニアや特権的な人々だ

けのものから、もっと気軽なものにしてくれた万人の強い味方。

　専門店には、日本製、アメリカ製、ヨーロッパ製、韓国製、中華民国製のフレームパックが小さくない図体をズラーと並べている。それぞれに工夫をこらし、熾烈な価格競争のなかであなたが買ってくれるのを待ちかまえている。しかし、本当に残念で申し訳がないのだけれど、何を買うべきかをぼくはアドバイスできない。値段が高いものにはそれなりの工夫がこらされ、細部にわたって細かい配慮がなされている。そうでないものは、それなりに……である。2万円以上の値段で、専門店で自信を持って売っている製品なら、どれもよくできている。デザインとかルックスとか色とか自分の旅のイメージにピッタリの好きになれそうな製品を選んでいい。問題なのはそのサイズだ。

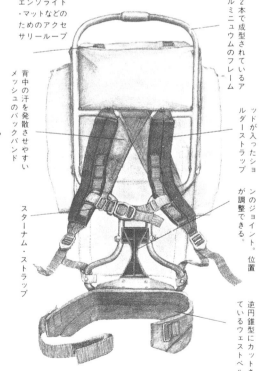

エンソライト・マットなどのためのアクセサリーループ

2本で成型されているアルミニュウムのフレーム

背中の汗を発散させやすいメッシュのバックバンド

ッドが入ったショルダーストラップが調整できる。

ンのジョイント。位置

スターナム・ストラップ

逆円錐型にカットされているウェストベルト

ザ・ノース・フェイス社の"パックマジック"

左のパックは寝袋をパックの下に吊るすよう
にデザインされた製品。右(パックマジック)
は、寝袋をパックの底に収納できるデザイン
のもの。後者はエクスペディション用の大容
量のフレーム・パックに多い。

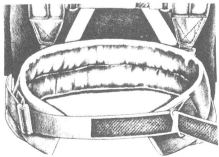

腰の形にぴったりとするように円錐形にカットされたデザ
インの、ウェストベルトの拡大図。

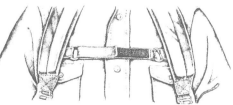

スターナム(胸板)ストラップ。ショルダーストラップが肩から
ずれてバランスを失わないためのもので、パックが踊らない。

145

↑ケルティのタイオガ・モデル　上下2室式、寝袋吊り下げ式の元祖的パック。4個のサイドポケットがデザインされている。タイオガは、ケルティのパックのなかでは小型ということだが、このモデルはベストセラー。夏期のバックパッキングなら、タイオガ・クラスの容量のフレーム・パックで十分に旅ができる。ケルティの各モデルにはMとLが。

↑ケルティ・エクスペディション　4日間の旅になれば、タイオガの容量では荷がパックしきれなくなるかもしれない。またソロイストも、タイオガでは小さすぎるだろう。これは1週間以内のトレールのためのライト・エクスペディション・モデル（中型）ということだ。パックの本体はより多くの荷を収納できるように1室式。

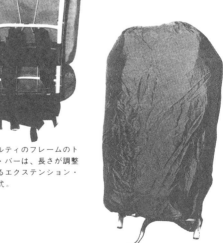

↑ケルティのフレームのトップ・バーは、長さが調整できるエクステンション・バー式。

↑ケルティ・セラック　1週間以上のトレールにも十分通用する最大級の容量のモデル。サイドポケットは5個デザインされていて、一番大きな縦長のポケットにはダウンジャケットが収納できる。本体は上下2室式で、寝袋はパックの中に収納するデザイン。セラックはあくまでもエキスパートのロングトリップ用だが、パックは迷ったら大き目をどうぞ。

↑ケルティからフレーム・パック用のレインカバーが売り出されている。フレーム・パックで雨の中を歩くときにはレインカバーがあったほうがいい。構造や縫製が複雑な分、雨水が浸入しやすい。

☞奇跡のパックというものはない

　自分のを買う前に、本当は一度、友達のを借りて旅をしてみるといいんだが。誰でもが、まず最初にパックを買いたがる。しかしパック選びはエキスパートにとってさえ一番の難題なのだ。リースをしている店があれば、借りてみて、実際に使ってみれば、どんなフレーム/パックが自分に合っているか分かってくる。買うのはそれからがいい。

　専門店には砂の袋が用意されている。これと思うパックに13キロぐらいの荷を詰めてもらい、アドバイスをうけながら背負ってみよう。ウェストベルトを締め、ショルダーストラップを調整し、歩き回ってみよう。できればお店の外にでて、1時間は街を歩いてみるのがいい。そうすれば、何か重大な欠陥を発見するかもしれない。少なくとも肩や腰のどこかに苦痛や痛みを感じたら、要注意である。また、なんとなくしっくり体になじまないものは、なぜなのか徹底的にその理由を追求しなくちゃいけない。何種類かのパックを背負いくらべてみたくなるんじゃないかな。

　結局、リースしたり友達のものを借りて、実際に一度旅してみるのが一番。お店屋さんでの試し背いだけでは、結論がでるものではない。エキスパートに選んでもらうのは、かなり確実な方法。でも、本当のエキスパートだったら、何がその人に一番合っているのか断言したがらないはず。何種類かの製品を選んでくれて、最後は自分の好みで選ばなくてはいけない。（そうでない人がいたら、たぶん眉唾物だよ。ぜんぶのフレーム/パック

を背負って旅をしたわけがないのだから。それに、あなたの体はその人とは違うのだから）。

　サイズの問題に対するもっとも簡潔で分かりやすい結論は、体格に見合ったサイズ、つまり靴選びと同じ論理で、「大きな人は大きなサイズを、小さな人は小さなサイズを……」という考えである。どんな本にもそう書いてある。ぼくも全く同じ意見だ。しかしである、だったら小さな人は、エクスペディション用の大きなパックを背負って、5日間以上の長旅にでることができないことになる。もちろん実際には、そんなことはない。かえってやせている人や小さな人の方が、すぐれたパック・アニマルであることも多いのだ。なぜなら、もしも大きくたって太ってる人と小さめでやせてる人のパワートレイン、つまり馬力や性能が全く同じなら、小さめでやせている人のほうが、実際は高性能なのである。2人の人間のパワートレインが全く同じだとすれば、80キロの人は50キロの人よりも、最初からなんと30キロも余分に荷を背負っているのと同じなのですよ。はっきりいっちゃおうか。太りすぎの人に、いいウォーカーはいないものなんですよ。自信を持ってそういっちゃう。ぼくと同じ体力や脚力の人で、ぼくよりも10キロ重い人はそれだけで、ぼくよりも10キロのハンデーがあるのですよ最初から。

　その製品だけが、奇跡的にすぐれているフレーム/パックというものはない。一日中背負っていれば20キロの荷はやっぱり20キロの重さなのである。

素敵な巾着袋をドンドン作ろう

はき古したコーデュロイのズボンから、ショーツと2つのスタッフバッグと、それから素敵なポットホールダーができた。長い方のスタッフバッグは衣類をつめ込めばいい枕。コットンのコーデュロイだから頭の汗をよく吸ってくれるし、すべらない。小さい方のはカメラバッグに愛用している。コーデュロイだから安心してパッキングできる。

コーデュロイのショーツも汗をよく吸ってくれるからはき心地は抜群。コーデュロイのショーツはウォーカー向きだってことがわかった。厚みがあるしソフトだから腰が冷えなくていい調子。

ポットホールダーは、雨の日にテント内でクッキングをしなくちゃなんないときに、とっても調法。コーデュロイ製だから断熱がよくて熱くならない。

というわけですから、古いズボンやシャツからいろんなものが簡単に作れるのです。コーデュロイやウール地のスタッフバッグなんていうのは、お店屋さんには売ってませんよ。売ってるスタッフバッグはみんなナイロン製。

ズボンの足の部分からスタッフバッグを作る方法を紹介しておきましょうか。

〈底の縫い方〉まず布の端にそってジャーと2本ばかりのステッチを入れて封筒の裏みたいにしちゃう（もちろん裏がえした状態で）。次に正方形の底になるように、2辺を縫う。三角形の耳が2つできて正方形の底になるように。底の縫い目はH状になるのですよ。そしてH状の縦の縫い目に三角形の耳ができる。耳は切りおとしてもいいし、そのままくっつけておいてもいい。

〈巾着の縫い方〉口は、おばあちゃんのあの巾着袋式が一番使いやすい。プラスチックのコードストッパーなんか目じゃない。2本の紐をぎゅっと引けば自動的に締まる。まず2センチ幅に折り返してジャーと縫う。それから左右のズボンの縫い目を折り返しの縫い目までカッターで切る。縫い糸だけだよ、もちろん。この部分はていねいに補強しておこう。今作った左右の穴から紐をそれぞれ一本ずつぐるっと通して、それぞれ輪になるように結んでできあがり。

スタッフバッグは大中小の物がいくらあってもうれしい。もう着れなくなったシャツの腕やズボンで、いろんな素材や色の袋をドンドン作ろう。

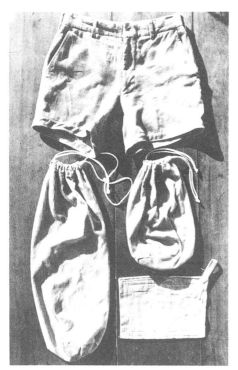

☞湯たんぽ作戦でおやすみなさい！

スタッフバックの頭のいい使い方を。市販のスタッフバッグはナイロン・コーティッドの防水布だから、そうじゃない通気性のある大きめのスタッフバッグがいい。

夜寝袋に入るとき、明日着る下着やシャツやソックスを大きなゆとりのあるスタッフバッグにダブダブに詰めて、寝袋の足の部分に入れるのだ。そうすれば衣類がいいインシュレーションになるから寝袋の足の部分がいつもより暖かくてぐっすり眠れる。足先で肌触りのいいスタッフバッグと遊んでいるうちに、あなたは心地よい眠りにおちていくことであろう。

しかもである。朝目を覚ましたときには衣類は乾いていて暖かい。夏でも山の上の朝はかなり冷えこむから、着がえるときに自分だけはいい気分。（女々しいゾ、なんて言われたって気にするな。バックパッキングは軍隊じゃない。人類の英知を結集して楽しむのだ）。

寒い季節には、これは一石二鳥のグレートなアイデア。雨で湿った衣類を朝までに乾かしたいときにも応用できる。湿って冷たあーくなっちゃてる下着、朝着るのいやでしょ。

まだまだいいアイデアがある。下の毛糸の毛編みの巾着袋は一体何か？ これはである、水筒の湯たんぽと衣類を一緒に寝袋の足元に入れておくための湯たんぽ袋である。急に冷えこんで、夏用の寝袋じゃ寒いときには、あたしだったらこれでいきます。湯たんぽ作戦は効果絶大のエコロジッ

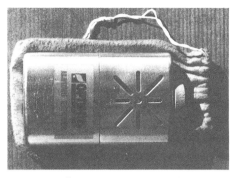

クな暖房法だ。1ℓのアルミの水筒だったら朝まで暖かいはず。真冬のブリザードが吹きすさぶスノーキャンプのときにはもちろんこの作戦を使う。衣類も寝袋も乾くし、朝すぐにクッキング用の水が使えるのがなによりである。ただし注意。湯たんぽカバーは厚目のものでないと低温火傷の危険あり。水筒の口はしっかりロックしておく。また袋の口から湯たんぽがむきだしにならないように。何度も同じ作戦をくり返しているうちに水筒がへっこんでくる。へっこんだ水筒の直し方。冷たい水をたっぷり入れて暑い日向にだしておく。へっこむのと逆の理由でもとにもどる。あるいは、水をいっぱい入れて栓をして冷凍室にほうりこんでふくらませる。長時間入れすぎると栓がこわされてしまう。経験が必要。

白金カイロを巾着袋に入れて眠るのもいい。オプティマスで温度調整装置付きのが売られているが、みんなは日本製がより臭くないという意見。

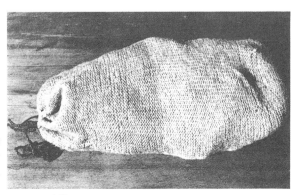

この毛糸の毛編みのスタッフバッグは一年中持ち歩いている。いい枕やクッションが作れるし急に冷たい風が吹いてきたら折りかえしてウォッチキャップに。この袋はもともとはウォッチキャップだった。あなたもひとついかがかな。

みんなでいけば贅沢ができる

　ぼくはソロ（一人）で歩くことが多い。でも気の合った悪友と計らってでかけるのもたのしみ。荷物がグッと軽くなるでしょ。その分、贅沢な食べ物や衣類が多めに持っていけるから、貴族になった気分。みんなとなら、ちゃんとした白米を炊いても無駄にはならないし、おかずを分けあったりして、山の友達はまるでホモだちだね（オー気味悪い……）。

　3人で行くのが一番シンプルで無駄がない。ストーブ、テント、ナベやポット、カメラ、燃料、それからファーストエイド・キットなども共同装備にすることができる。3人の中にすごく慎重な完全主義者がいれば、旅はもうほとんど成功したも同じ。ただし信用しすぎないように。口だけではなしに共同装備や食料のリストを作って、各自が自分の責任をしっかりと果たすこと。ゴマカシはよくない。チームプレイということを大切に。3人のパーティなら、1人じゃやりにくいようないい遠征にでかけられる。山の中でなぐりあいにならないように、荷物の分担は1グラム単位で平均化されるようにしたほうがよろしい。山男の友情などといってるけど、それとこれとは別問題。

　「オレにだけたくさん背負わせやがって、しかもオレの荷物は最後まで軽くなんないんだ。あの野郎らオボエテロヨ畜生！」なんてことになるんですよすぐに。山の中では、物の考え方や感じ方がすごくシンプルになるから、それぞれが子供みたいなことをすぐに言いだす。でも、それでいいんじゃないですか。子供になって言いたいことみんなが言ってりゃ、馬鹿馬鹿しくもけっこう楽しい。

　3人以上のパーティーだったらリーダーがいる。3人というのはひとつの単位としてよくまとまるから、あんまり問題がない。2人なら1対1だから、友達に途中で帰られて旅をだいなしにしたくないからまあまあうまくいく。4人以上というのは分裂しやすい。人間は気に入らないことがあると、すぐに分裂したがる。何かあったときに、そういうことが起こるからリーダーが。

　経験が豊かで気のいい者をリーダーに祭りあげるのだ。そしてパーティの統治権を彼にわたし、意見が分裂したら彼に従う。リーダーは、パーティ全員の心をよく理解しているやさしい王様でなくてはいけない。のけ者ができないように、いつも気を配ること。仲間外れを作るのはよくない。人間はどうせ欠陥だらけの動物なんだ、みんなで仲よく陽気な旅をしようぜ。気に入らないことがあったら、大声で文句を言いあって、すぐにもう笑ってる……というパーティがいい。

☞梶さんの背負子

日本の背負子は、木製フレームの美しいバックパック・フレーム。山国では今でも荷を背負うための道具として、いろんなデザインのものが使われている。

ぼくの友達の梶さんという人は、背負子作りの大名人。彼はもしかしたら、日本一の背負子作りかもしれない。梶さんは信州の蓼科山のすぐ西、八子ガ峰という草原の丘のてっぺんで山荘を経営している。山荘の名前はヒュッテ・アルビレオという星の名前（見晴らしのいい清々する標高1820メートルの丘のてっぺんですから、眺望がみごと。近所を通りかかったら登ってみるといいですよ）。

梶さんは、食料と燃料を、ヘリコプターなんかは使わずに山荘まで自分たちで担ぎ上げている。もっとも自動車道から山荘まではたったの2キロ（でも、急な山道ですぞ）。そして梶さんは木工の名人だから、いつの間にか背負子作りの大名人になったのだった。毎週荷を山荘に担ぎ上げているのだから（夏は毎日のように）、梶さんの背負子には目には見えないさまざまな工夫がこらされ、実用性の高い美しいものになった。

写真の大きい方の背負子は（ぼくのだけど）、長さがなんと120センチあるボッカ用（幅は底辺が30センチで上の細い部分が18.8センチ）。30キロもの荷物を背負うときには、誰が何をいおうとこの背負子の担ぎやすさにかなうものはない。荷物を長い背負子の全面（底にはつけない）に薄くくくりつけることで、荷の重さが背中から腰にみごとに分散されて、とても担ぎやすい。

「荷は、背骨のま上、つまり頭のてっぺんに乗っかっている感じで背負うのが一番ラクだしバランスもいいですよ。背骨にドンと乗せてやる感じかな。人間の上体がちょうど骨盤のまん中に乗っかってるみたいに背負ってやればいいんですよ」。

なるほど、なるほど。アフリカや中央アジアのご婦人が、重い水ガメを頭の上に乗せて平気で運べるのも納得！

梶さんの背負子を背負ってみてつくづくと思うことは、「マスプロダクションの工業製品は、結局はマスプロダクションゆえの妥協の産物だなあ」ということだ。背負子の連雀（尺）と呼ばれる、麻縄と細く裂いた綿の布で編み上げたショルダー・ストラップなんかを、工業製品にして作り直すのは至難の技だろう。連雀はショックをよく吸収してくれるサスペンションの働きをしてくれるし、汗も吸ってくれるし肩も痛まないのだ。

梶栄太郎さんの背負子は、千葉大の遠征隊と一緒にマカルーにも行って、シェルパを羨ましがらせた。興味のある人は連絡してみて下さい。夏以外の暇な季節ならオーダーメイドということで好みの大きさの背負子を作ってくれる。樹齢350年以上の木曽桧の正目を、5年以上乾燥させて組み上げた梶さんの背負子はみごと。
連絡先・長野県茅野市北山6887☎02667‐7‐2930

●山を愛してるんならソフトパック

　もしもあなたが、「いつかはマウンテニアリングのエキスパートになって、ヨーロッパ・アルプスの3大北壁の厳冬期ソロクライムをなしとげてやろう」なんていう野望をいだいているんなら、フレームパックよりはこのソフトパックを手に入れることをすすめる。そのような野望は、もろくもくずれ去るにしても(ぼくみたいに)、とにかく山を登ることが好きなウォーカーなら、やっぱりソフトパックがいいみたい。

　フレームパックみたいに梯子のようなパイプのフレームがないのでより体にぴったりとなじみ、手が自由に使える。倒木や岩を越えるときに、バランスをくずさないですむ。小さくまとまっているのでテント内に収納しやすい。腰までのシュラフカバーの代用になる。列車やバスや車に乗るとき、そんなにジャマくさくない。そのまま腰かけられる……等々。

　フレームパックよりはよりシンプルな袋状のパ

ックなので、慣れればいろいろに融通がきいて使いやすいのである。何をかくそう。このぼくも山歩きが目的なときはもっぱらソフトパックを愛用している。しかしぼくのようなエキスパートでないと、パッキングがねえ大変なんだ。よりシンプルである分、自分なりのシステムを工夫しないとゴロゴロして背負いにくいのですよ。ソフトパックの最大の欠点は、パッキングの難しさにある。また背負うのにやや経験や慣れが必要なことにある。

　しかし、最新式のソフトパックは、パイプのフレームがないだけで、かなりフレームパックに近づいていて扱いやすい。とくにアメリカの高級な製品は、フレームパックのよさをソフトパックに応用しているので、より近づきやすい。昔、さんざん愛用したあのキスリングみたいに気難しいところがない。(もっとも、シンプルそのもののキスリングという日本のパックは、そのシンプルさのゆえに使い慣れればなかなかのもの。キスリングにはなかなかに捨て難いよさがある)。

　岩の稜線を歩いたり、沢を登ったり、岩登りにチャレンジしたり、また山スキーが好きなんだったら、よりバランスがいいソフトパックの独壇場である。そして日本の山は、アップ・ダウンのはげしいマウンテニアリングのフィールド。フレームパックというよりは、ソフトパックのほうがリアルなフィールドであることを報告しておこう。山岳志向の人はソフトパックですぞ。

最新式のアメリカ製のソフトパックは、このようにビューティフルなルックスをしている。これはケルティ社のザ・ローヤル・アーチ。フレーム内蔵式(インターナル・フレーム)のソフトパックだ。本体はひとつのコンパートメントで、イラストのように底に寝袋をパッキングするようにデザインされている。寝袋はパックの腰の部分の形を成形する働きをし、柔らかい腰のパッドの役割もつとめる。

「キスリングばっかりじゃ、やっぱり進歩ってもんがないかなあー？」ってことで去年手に入れたソフトパックが上の写真の奴。ザ・ノース・フェイス社のベルグシュルントっていう。（ケルティのザ・ローヤルアーチの方がかっこよかったかなあ……なんて思ってたりして）そんなことはない、すごくいいソフトパック。フレームは全々使われていない。背中にはボロンというフォームパッドのパネルが入っているだけ。ところがパックの内側の中央にレーシング・システムがあり、これがフレームの役割を果たすようにデザインされている。つまりパックの本体はこのレーシングによって縦に二分割されていて、レーシングの紐を引っぱると、ちょうど背の部分の中央が内側にアーチし背負いやすくなるというデザイン。構造やアイデアがソフトなのが気に入って買った。

ぼくのは雪山を歩くためだったからXL。30キロぐらいの荷が平気で入っちゃう（ああ、恐ろしい）。ソフトパック、とくにフレームが内蔵されていないものは見かけよりもたくさん入る。

ベルグシュルントもまた、腰の部分（パックの底）が寝袋専用のコンパートメントになっていて、ここに寝袋を上手にパッキングすることで腰の部分が背負いやすいように成形される（パックの底全体がジッパーで開閉できる）。

ベルグシュルントはフレームレスの文字通りの

ソフトパック。このパックで旅をした感じでは、パッキングの良し悪しで背負い心地が相当に違ってくる。まだ何回も使っていないので自分に向いたパッキングのコツがつかめない。ソフトパックを自分のものにするには、やっぱり時間がかかるのかもしれない（しかし、これは多分パックのサイズが自分の体形よりも大きすぎるせいだ。ウエストベルトの位置が合っていない。いずれショルダーストラップの底側の取り付け位置をかえて調整するつもりだ）。

ところで、ウエストベルトは、パックの荷重を肩から腰の部分に移動させる魔法のベルトのようにいわれている。「パックの荷重の大部分は腰にかかるほうがよいから」という理由でウエストベルトのデザインに関する議論が華やか。しかし本来、荷は背中全体と腰で背負うものなんじゃないだろうか。〝ソフトパックの荷が重いときにはウエストベルトを外して歩いたほうが背負いやすい〟って感じているのはぼくだけだろうか？

↓ザ・ノース・フェイスのインナーフレーム・バック

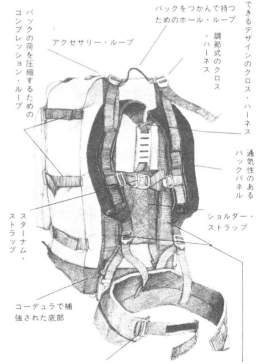

ストラップの位置が調節できるデザインのクロス・ハーネス

パックをつかんで持つためのホール・ループ

調節式のクロス・ハーネス

通気性のあるバックパネル

ショルダー・ストラップ

パックの荷を圧縮するためのコンプレッション・ループ

アクセサリー・ループ

スターナム・ストラップ

コーデュラで補強された底部

円錐形（コニヤリー）カットのウェスト・ベルト

このスリーブに柔軟性のあるアルミの板のフレームが入っている

↑ミレー・ベルニナ　フランス製のリュックサック・スタイルのソフトバック。マウンテニアリング用のバックの我が国におけるベストセラーである。ＳＭＬの３サイズがあり、ショルダー・ストラップのハーネスの位置がそれぞれに違い、体格に合わせて選べる。サイドポケットがないので、クライマーたちが好んで選ぶソフトバック。

↑ミレー・アイガー　バックの本体の高さが、荷の大小により調節できる（荷が少ないときには、延長部は内側に折りかえして使う）モデル。ネーミングの通りクライミング用にデザインされたものだが、バックパッキングに愛用しても逮捕されない。シンプルな構造のリュックサック・スタイルのソフトバックは、慣れれば、そのシンプルさゆえに背負いやすい。

←ミレーのベルニナには２本のプラスチックのパネルフレームがセットされているが、このフレームは入れ替えることができる。フレームの長さをかえたり、腰の部分まで差し込まないで通気性を持たせたりすることができる。またクライミングのときには取り外しても使用することができるようにデザインされている。

↑シーム・シーラー　バックやテントの縫い目を密封するための透明なセメント。針穴から雨水が浸入することを思えば密封しておくべきだろう。シーム・シーラーで上手に密封するコツは、縫い目をアルコールでよく拭いてから、薄く何度も重ね塗りすること。乾いたら塗り、乾いたら塗り、ということで、バックにシーム・シーラーを塗るのは１日仕事。

☞パックの防水にご用心

　フレームパックであれソフトパックであれ、現在のパックの本体は、ウレタンコーティングしたデニールナイロンやコーデュラナイロンが使われている。ナイロンは軽くて（薄くて）丈夫だから軽量化の時代には、しかるべき素材かもしれない。しかしウレタンコーティングは完全な防水処理ではない。繊維の上にうすいウレタンの膜をコーティングしてあるだけだから、使っているうちに膜が剝（は）げてきて雨水が侵入してくる。また縫い目の針穴（はりあな）はふさがれていないので、シーム・シーラー（縫い目密封セメント）でコーティングした方がいい。

　フレームパックを背負って、はじめて雨にたたかれたときのことは今でも忘れられない。最新式のフレームパックだから防水はかなりのものだと信じていた。しかし、ウレタンコーティッドのデニールナイロンのパックはみごとに雨水を侵入させた。一日雨にたたかれ、夜になってようやくキャンプサイトにたどりついてみたら、パックの底に入れしかもウレタンコーティッドのナイロンのスタッフバッグにしまっておいた寝袋までもがビッショリ濡れていたのだった。雨は夜になって雪にかわり、ぼくの怒りは雷を呼んだ。雷まじりの霙（みぞれ）にうたれるテントのなかで、グッショリ濡れた羽毛寝袋のなかにもぐりこむあの惨めさは絶対に忘れないぞ。

　化学繊維というものを、なんとなく信じていたぼくが愚かだった。厚いコットンのキャンバス地

のキスリングで旅をしていたときには、こんなことはなかった。10年間も使いつづけて防水処理などとっくに効力がなくなっていたはずなのに、あのキスリングにはレインカバーなどいらなかった。天然の素材であるコットンは水に濡れれば、繊維自身が膨張して、水を通しにくくする性質をもっている。厚いキャンバス地であれば、この性質はしたたかなもので、キスリングの底に水がたまったなどという経験は一度もしたことがない。

　その構造や縫製が複雑なフレームパックは、リュックサック・スタイルのソフトパックよりも雨に弱い。雨の中を歩くときにはレインカバーが必要。ナイロンのソフトパックでも何回か使ったものはレインカバーがいる。

　本当のことをいえば、パックの布地はコットンのキャンバス地がいいのではないだろうか。乾いた状態なら防水処理されていても通気性があるから、気密性のナイロン地よりも荷物がムレない。確かに背の部分は暑いときには汗をビッショリ吸って、パックのなかの荷物まで湿ることがある。しかし、それはキャンバス地が汗を精一杯吸ってくれた証拠なのだ。ナイロンはそういうことはしてくれない（雨の心配のない冬には、凍らないナイロンがいい）。ぼくたちは、コットンなどの昔からある天然素材をもっと見直していいのではないか。生きている天然の素材は、古くなるほどに独特の風合いがともなってくるが、シンセティックはただ汚く疲弊（ひへい）してくるだけである。

鵞鳥と近代テクノロジーの競争

<ruby>鵞<rt>が</rt></ruby><ruby>鳥<rt>ちょう</rt></ruby>

寝具であれ衣類であれ、暖かさというのは体と外気との間にたくわえられる〝流動しない閉じられた空気（デッドエアー）〟の層による。この空気の層を確保できるものなら、鉄の綿でさえ暖かい。デッドエアーの層が厚ければ厚いほど体温を逃がさないので暖かい。

鉄の綿はいい断熱材ではない。もっと軽くて弾性に富むインシュレーションがいい。弾性に富むということは、持ち運ぶときには小さくなるが広げて空気を吸わしてやれば、ふっくらとふくらみより多くのデッドエアーをたくわえてくれることを意味する。

〈羽毛〉

羽毛（ダウン）は、とても軽くてその目方の割には信じられないほどの弾性をもつ天然のインシュレーション。これほど軽くて暖かくて小さく圧縮できるフィル（詰め物）はない。

ダウンというのは鳥の体温を保つための小さな綿毛のことで、弾性に富んでいる。鳥は軽くて暖かくて弾性に富むこのダウンを体にまとうことで空に舞い上がることができた。そして寒ければこのダウンをふくらませて暖かい空気の層を体にまとう。鳥が眠るときには体を毬のようにまんまるくふくらませて眠るが、これは自分の体温が逃げないようにダウンをふくらませて、厚い暖かい空気の層に閉じ込もるためである。

鳥のこの綿毛を盗んで、二重にしたナイロンの袋にそれを閉じ込め、人間が暖かく眠るための寝具が羽毛のスリーピングバックというわけだ。凍りつくような水の上でも平気で眠っていられる水鳥、とくにグース（鵞鳥）やダック（家鴨）の綿毛に目を付けた人間は抜け目のない頭のいい奴だった。実際、グースとダックのダウンはたいした代物なのである。だからそいつが、鵞鳥と家鴨の綿毛をむしって以来、寝袋のダウンはグースかダックということになった。

軽くてロフトに富み長持ちする、という点でダウンの寝袋は他をよせつけない。上質なグース・ダウンを１キロ詰めた寝袋なら零下−20℃以上もの雪の上でもぐっすり眠れるのである。しかしこのダウンにも欠点がある。ダウンは水を吸いやすく、濡れると弾性のほとんど全部を失ってしまう。水を吸ってペチャンコになったダウンの寝袋はただのでっかい濡れ雑巾である。ダウンは空気が乾燥していて寒冷なときに、その威力を最大限に発揮する。

化学繊維のポリエステルの綿は、ダウンと比べると弾性が少ないけど（カサ張るし重くなる）、繊維自体は１％以下の水分しかない。だから暖かくて湿度の高い季節用の寝袋のフィルとしてはきわめて有望なものである。大量の綿を詰め込まなくても十分に役に立つ、春と夏と秋用の寝袋のほとんどは、このポリエステルの綿が詰めてある。しかし、近代テクノロジーの英知を結集してひと儲けするために、化学繊維産業は新しいポリエステル綿の技術開発に余念がない。そして、住宅ロー

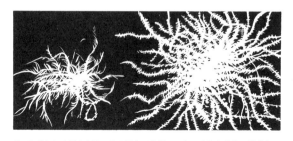

グースダウンの原寸大図。この細かい繊維の１本１本からさらに枝分かれしたヒゲ根のすき間に、暖かい空気をたくわえることができる。左がロフトにすぐれた高級なグースダウンで、右が一般的な等級物。

ンを払わなければならないエンジニアたちの涙ぐ
ましい残業のなかから、2種類の秀れたポリエス
テルの繊維が誕生した。3M社の"シンサレート"
とデュポン社のダクロン"ホロフィル"である。
日本のエンジニアもガンバレ！

〈シンサレート〉

「今までのアクリル綿の半分の厚さで、同じ保温
力を誇るサーマル（Thermal）・インシュレーシ
ョン」としてアメリカ3M社によって開発された
繊維。下のイラストをご覧いただきたい。簡単に
いっちゃえば、3M社のエンジニアはその繊維を
マイクロファイバー化することに成功したのだ。
要するに、繊維の1本1本をすごく細くして、繊
維間にたくわえられる空気の容量をぐっと大きく
したのですよ。そう、ポリエステル綿を鳥の綿毛
に近づけたのだ。そればかりでない。ダウンを打
ち負かしたのだ。シンサレートはダウンの1.8倍
ものクロー値（CLO）を誇る。クロー値（CL
O）というのは、保温力を比較ごっこするために
エンジニアが考えだした規準。「気温21℃で湿度
50％以下、無風の環境下で椅子に腰かけた人間が
平均皮膚温33℃を維持し、快適さを感じるのに必
要な保温力（断熱性）を1CLOとして競争しや
すいようにしよう」って彼らは決めた。

　結局、シンサレートは厚さ1センチでの暖かさ
ではダウンの1.8倍暖かいのである。やったね、
近代テクノロジーの勝利だ。だがしかし、同じ厚
さの軽さ比べだったらダウンの勝ち。約1／3の重
量。近代テクノロジーは暖かさでは1.8倍勝った
けど、軽さでは3倍の負け。トータルではまだ鷲
鳥や家鴨の方がえらい。

であるからして、あんまりモコモコすると動き
にくかったりカッコ悪くなる防寒衣類のフィル
（詰め物）として、シンサレートはすぐれている。
これはもちろん石油製品なので水に対しては、め
っぽう強いから湿気の多い暖かい季節用の寝袋に
はピッタリかもしれない。当然、寒冷用の製品も
あるが、羽毛製品よりもカサ張って重いからバッ
クパッカーのパックにはおさまりにくい。本当に、
ダウンは小さくたためるという点では、自然界の
最高傑作のひとつである。空を飛べる鳥は、さす
がですなあ。

〈ホロフィル〉

　デュポン社が開発した新しいダクロン・ポリエ
ステル繊維。暖かいことで有名なあのアンゴラ兎
の毛は、その1本1本が中空のパイプになってて、
そこに空気をたくわえることができる。で羊毛の
ウールよりもアンゴラは暖かくて軽いのだ。カリ
ブーや狼の毛も中空になっているので北極圏の寒
冷地でも生きていられる。

　3M社が繊維をマイクロファイバー化したのに
対して、デュポンのエンジニアは繊維の1本1本
に穴を空けたのだ。つまり中空繊維にすることで
そうでないものにくらべ約17％多く空気をたくわ
えられるようになった。またホロフィルは、繊維
の1本1本の長さを従来の繊維よりも短くするこ
とでより小さく収納できるようにした。ホロフィ
ルは、強く圧縮されてもその回復力、弾力性が従
来のものよりもすぐれている。

　化繊綿の製品の最大の美徳は、羽毛製品の半分
以下の値段で買えることにある。

上がシンサレートの衣料用断熱素材のマイク
ロファイバー。下がポリエステルの中入れ綿
のファイバー。上下とも同倍率の拡大図。

中空繊維であるダクロンホロフィルII

☞サイド・ジッパー付のマミー形を

寝袋は、旅人の繭だ。軽くて柔らかくて暖かいこの繭を携えてぼくたちは旅をする。自分の旅のスタイルに合った1枚の寝袋があれば、ぼくたちは地球の上のどこだって気軽な気分で旅ができる。自分の寝袋と一緒の旅なら、ぼくたちはどこへ行ってもすぐに友達ができる。自分の旅の繭を大切にしている旅人には、みんなが"泊っていきなよ"と声をかけてくれる。

軽くて柔らかくて暖かくて、それでいて持ち運ぶときにはとてもコンパクトになっちゃういい繭を買おう。寝袋はあくまでもパーソナルなもの。あなたはあなた自身の繭を持つべきである。そうすればあなたは、嵐の夜や吹雪の夜でさえ、自分の繭にくるまって暖かく眠れる。

サイフを空にしてまでも、どうしても高級なものが欲しい道具なんて、そんなに幾種類もあるもんじゃない。なにがなんでも高級ブランドの高級品じゃなければ納得できないなんて、つまりはいつまでも自分に自信が持てない人たちの悲しい癖だ。だがしかし、1万円札を何枚も支払ってでも、どうしても欲しい道具というものがある。スリーピングバッグ（寝袋）は、そんな大切にしたい数少ない道具のひとつだ。寝袋は、どこにでも気軽に持っていける1、2キロの旅人の繭。この繭にくるまって、ぼくは今までに何百日もの夜を大地の上でぐっすりと眠った。友達の家から家へ旅をするときも、ぼくはいつもこの繭と一緒だ。

あなたの旅のフィールドや季節によって、2種類の寝袋を使い分けるほうが理想的である。でも「1枚、いろんな旅に使える寝袋を」ということなら、ぼくたちが買うべき旅人の繭にはそんなに幾種類もない。

☆　デザインは大きなフード付きのマミー形。男爵もそう断言している。軽量、コンパクト化されている分、理屈抜きでウォーカー向き。

☆　どちらの端からも開閉できる、ダブルスライダーのジッパーがフルレングス（全長）でサイドに付いている製品。温度調整が自由で、暑い季節にはジッパーを全部外して掛けブトンのようにして使える。

☆　一応はオールシーズンに使えるという売り込みの上等なダウンの製品。やっぱり暖かさと携帯性のよさを考えればダウンがいい。

☆　3万円以上のお金を支払うこと。「無謀な支出だ」と思うかもしれないが、これから何百日もの夜を、あなたはこの繭にくるまって眠るのだ。ホテルや宿代の3〜4泊分じゃないか。損はない。

でも、暖かい季節、それも夏以外にはとりあえずでかける気がなければ、化繊綿の安いので十分。冬山登山やスノーキャンプなどというマゾヒスティックなことに興味をおぼえてしまったら、そのときになって、冬期専用のダウンの高級な寝袋を買いたしてもいい。

ぼくは、夏にはダクロンの製品、それ以外の季節にはマミー形のグース・ダウンの寝袋を愛用している。

古代エジプトのマミー（ミイラ）型の寝袋。足元が細くなっているので軽量かつコンパクト。しかも無駄なスペースがないので保温性もいい。フードにはドローコードがぐるっと入っていて、この紐を引っぱれば顔だけがでて首すじ全部がしまり体温を逃がさないデザイン。

レクタングラー（封筒）型のオールド・タイプ。マミーよりもゆったり眠れるがカサ張るし保温性もよくない。このタイプの寝袋は、車を使うキャンプに向いている。また山小屋や山荘や自宅でゆったりするのにもいい。サイドと底のジッパーを外せば、掛けブトンとして使える。

158

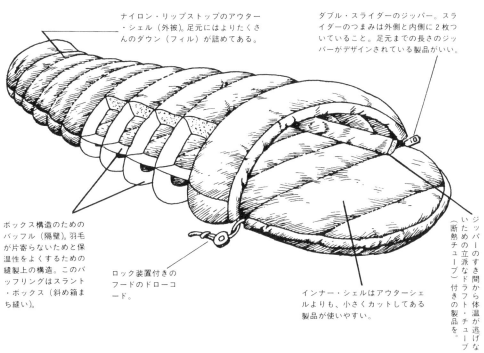

ナイロン・リップストップのアウター・シェル（外被）。足元にはよりたくさんのダウン（フィル）が詰めてある。

ダブル・スライダーのジッパー。スライダーのつまみは外側と内側に２枚ついていること。足元までの長さのジッパーがデザインされている製品がいい。

ボックス構造のためのバッフル（隔壁）。羽毛が片寄らないためと保温性をよくするための縫製上の構造。このバッフリングはスラント・ボックス（斜め箱まち縫い）。

ロック装置付きのフードのドローコード。

ジッパーのすき間から体温が逃げないための立派なドラフト・チューブ（断熱チューブ）付きの製品を。

インナー・シェルはアウターシェルよりも、小さくカットしてある製品が使いやすい。

愛する２人なら、ダブルアップ（ニメイティング）できる寝袋だろうね、やっぱり。

両端からジッパーを開閉できるダブルスライダー式のジッパーがサイドにデザインされたマミー型がいい（ただし足先の部分は袋になっている）。絵のようにジッパーの開きを自在に調整できるから、オールラウンドに活用できる。首の部分にベルクロテープが取り付けてあるものなら、ジッパーの上端を開いたときに、寝袋の上部がはだけない。

寝袋は、ジャケットやセーターのように体にぴったりさせるものではない。背すじと足先をピンとのばしても、少し余裕のある大きさのものを選ぶべきだ。少しでも窮屈に感じる製品は買うべきではない。しかしダブダブでも保温性がよくない。

↓寝袋の下面と一体の構造になった大きなフードのある製品を選ぼう。このフードにはドローコードが入っているので、寒さに応じてフードをしぼっていけば、肩と首すじから逃げる体温を調整できる。ただし、寒いからといって寝袋のなかに顔をうずめて眠るのはよくない。寝袋のなかに湿気がたまり、寒くなる。

封筒型とマミー型の中間のデザイン。バーレル（びや樽）とも呼ばれる。マミー型では窮屈さを感じてしまう人にはいいかもしれない。また遠征用の寒冷地専用の寝袋にはこのデザインのものが多いようだ。セミ・レクタングラー型と呼ばれる。

これはゆったりとデザインされてゴアテックスの寝袋カバーで、そのままテントなしのシェルターとして使えるという代物。1ポンド（453g）のシェルターということでアーリー・ウインター製。

←ザ・ノース・フェイス・スーパーライト　−15℃まで大丈夫だという3ポンド（1.3キロ）のマミー形グースダウンの寝袋。ぼくの旅の繭である。足元がよりスリムになっている分、より軽くてコンパクトなマミー形羽毛寝袋のよきサンプルといえる。アメリカの製品にはSML の各サイズが揃っている。

➡天山オールシーズン・サイドジッパー　"天山"は、日本でデザインされた中国製の羽毛製品のレーベル。値段の割には信頼性が高く暖かい（でも、いつもやや重目）。ゆったりしたマミー型で、オールシーズン用のサイドジッパー形ということで1.7キロの本格的な寝袋であります。冬にもかなり強そうだ。

←モンベル・ゴアテックス　ダクロン・ホロフィルⅡのフィルを、ゴアテックスのシャルで包んだ最新式の3シーズン用寝袋。いつもいつも雨に降られる雨男の繭には最適かもしれませんぞ。この寝袋はよっぽど雨に好かれている人が考えだした新しがり屋の手になる製品。1.1キロ。

➡モンベル・サイドジッパー　ホロフィルⅡを詰めたサイドジッパー式の3シーズン用寝袋。サイドジッパーが右側と左側に付けられたモデルがあり、左右2枚の製品なら"メイティング"してダブル（2人用）にして使える。愛し合ってる2人の旅の寝袋ならこれだね。総重量1.05キロとフィルは軽目だが、メイティングすれば暖かいことだろう。

〈寝袋の世話と洗濯法〉

フトンだって毎日陽に干せばフカフカと暖かい。寝袋だって全く同じ。特にダウン製品は湿気をよく吸うので旅の途中でも暇をみて陽に干すことを心がけよう。太陽でよく乾いたダウンの寝袋の暖かさといったらない。

家に帰って収納するときには、陽に干してからたたまずに大きなバックにルーズに入れておくのがいい。かたく巻いたり小さなスタッフバッグにしまいっぱなしにすると弾性がなくなるから。えり口の脂汚れは時々ベンジンで拭き取り、全体がなんとなく汚れたら濡れたフキンで拭いてやるだけでもかなりきれいになる。

いよいよ汚れがひどくなったら専用のソープで洗濯してやろう。フロ桶に温湯を入れてソープを溶かし、1時間ほど漬けておく。それから汚れがひどい部分を軽くつまみ洗いして、水をかえてすすぐ。タライをフロ桶の底に入れて、水をビッショリ吸って重い巨大な濡れ雑巾みたいな寝袋を騙し騙しタライに移す。濡れた寝袋を力まかせに持ち上げるのは厳禁。洗濯機の脱水機にかけ脱水して、またきれいな水に漬けてすすぐ。2～3回脱水機にかけてソープを落とす。脱水して、陽に干す。物干し竿に吊るさないで、セーターのときのように板などの上に広げる。竿に干すしかないときは、縦に折ってかける。ひと塊りになっているフィルを手でつまみほぐしながら根気よく干す。

ぼくは羽毛の寝袋洗濯のエキスパート。今までに5回洗濯した。化繊綿の寝袋なんかは朝飯前の仕事だ。しかし、ダウンとなるとぼくのような洗濯のエキスパートじゃないと勇気がいる。専門店でドライクリーニングしてもらったほうがいいかもしれない。しかし「寝具だし、自分できれいに水洗いしたい」って感じる人はやってみていい。恋人を扱うように気をつかいながら祈りをもってすればなんとかなるだろう。コインランドリーの大型のドライヤーにテニスボールと一緒に入れて乾かすと、フィルがよくほぐれて具合がいいという。

化学繊維の綿の寝袋はおもしろいことに、2～3回洗濯したほうがかえって断熱力が少し向上するという。化繊綿はドライクリーニング厳禁。

↑シェラデザインズ・ニンバス　上質なグースダウンが1.08キロも詰めてある冬期用の寝袋。ロフト（厚さ）が25センチもある高級品。一度だけこの寝袋で眠ったことがあるけど期待が大きすぎたせいか、芽が出るほど暖かいということはなかった。－30℃以下でも暖かいという。1.92キロ。

モンベル・エンソライトシュラフカバー　シュラフカバーは通気性がないと内側から濡れてくる。だから、防水蒸気透湿性能を持ったゴアテックスかエンソライトの製品が勝ち。シュラフカバーがあれば、3シーズン用の寝袋でもなんとか冬にも使える。雨の季節や冬期にはあったほうがいい。

ダウンについた人の汗や汚れだけを取り除き天然のダウンの脂肪はそのままにするというダウン専用のソープが売られている。これは〝ソピー〟という名前のアルキルアリル・スルホン酸塩のみの界面活性剤。合成洗剤を使いたくない人は、植物性の粉石けん（ぼくは粉石けんで洗ってます）で一度水洗いする度に10％保温力が悪くなる、といわれる。ぼくはそれほどじゃないと思っている。ジャケットも同様に水洗いできる。

●エアーマットレスにも良さが

昔は誰でもがエアーマットレスを使っていた。あれしかなかった。バルブが一つだけのマットレスで、一か所どこかに穴があけばただの冷たいシートになってしまった。半身用で枕も付いてないのに1キロ以上もあった。

エアーマットレスは今では、前世紀の遺物みたいないわれ方をされているが、石コロだらけの山や川原のキャンプサイトでは有難い。背中の凸凹をエアーが吸収してくれるのだ。長い間ぼくはエアーマットレスで眠ったせいか、今でもエアーマットレスが好きである。重くてパンクすると使えなくなるというのが欠点だが、カサ張らないという良さは魅力。ソフトパックのときだったら、やっぱりエアーマットレスかもしれない。最近の製品は、チューブが2気室になっていて、1本に穴があいても腰だけはなんとか冷やさないですむ。

エアーマットレスのニューフェイスに"エアーリフト・マットレス"というアメリカの製品がある。8本の別々のチューブからなっているエアーマットレスで、リップストップのナイロン地のシェルからチューブが出し入れでき、パンクすればエクストラ・チューブを交換すればいいというアイデア。買ってみたが、プラスチックのチューブがたちまち2本パンクしてしまって、印象がよくない。だが寝心地は悪くないみたいだ。50.8×106.7cmのサイズで568g。$21もした。

エアーマットレスは寒気が厳しいときには、チューブ内のエアーが幾分なりとも対流をおこすので、暖かくないといわれている。

バックパッカーの間でポピュラーなのが、クローズド・セル（気泡密閉型）のポリウレタンまたはビニール・フォーム。エンソライトと呼ばれている。10ミリの厚さで雪の上以上なら十分な断熱効果があり、半身用で約400g。ロール状にして持ち運ぶしかないので、バックの中には収納できない。

オープン・セル（気泡開放型）のポリウレタン・フォームは、ウレタンのベッドと同じ素材。ナイロンのカバーがしてあり（表面はコットンになっている製品がすべらないので寝心地はいい）、柔らかくて暖かい。だがあまりにもバルキーなのでウォーカーには向かない。オープン・セルのフォームは水を吸うが、クロウズド・セルは吸わない。10mmのエンソライトは小石の上では背中がいたい。

ユニークなフォームパッドに"サーマレスト"という製品がある。このマットレスは、オープンセルのフォームパッドの芯をエアーマットレスのシェルで包みこんだもので、エアーマットとフォムパッドの良さを兼ねそなえている。そしてバルブをあけておけば空気がひとりでに入りふくらむ（ただし抜くときには手間がかかる）。半身用で、652gと重目だが寝心地はなかなか。

スノーキャンプでは、マットレスの下にサーモス社の"スペース・ブランケット"を敷くといい。これはプラスチックのフィルムにアルミのフィルムを重ねたもので、寒気や体熱の80%を反射するという代物。140×204cmで340g。

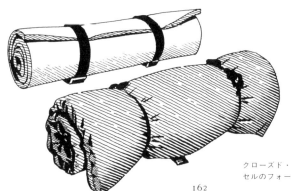

クローズド・セルのエンソライト（左）とオープン・セルのフォームパッド（右）。

☞テントはぼくらのソフトハウス

　テントが好きだ。もしかしたらぼくは、テントを愛しているのかもしれない……。

　ぼくは今までに何百日の夜を、この布でできた小さな柔らかい家で眠ったことになるのだろう。学生の頃には、1年に100日も山にいたことがあるから、1年分以下ということはない。だったらすごいじゃないか。「あなたがこれから買おうとしているテントの屋根の下で、あなたは1年以上も暮らすことになるかもしれないんだぜ」。

　恥しながら、ぼくは6つのテントを持っている。教えちゃおうか。

その1）、コットン地のA形フレームの昔のテント。出入口はA形のアルミポール（合掌形）。後部はセンター・ポール1本。後室付き。つまり平面では5角形。この後室は、荷物置きのスペースとしてすごく便利だった。ウォール（壁）は30センチの高さがあり、屋根のヒサシは40センチの幅がある。レインフライはない。コットン地のテントは、少々の雨ならレインフライはいらない。水を吸うと繊維自体が膨張し、雨を通そうとしなくなる。防水効果がきいていればかなりのものである。屋根のヒサシは、雨水をテント本体から逃がしてやるための工夫。このテントは、オールドタイミーなA形テントの典型。当時はみんながそうしていたようにオーダーメイド。

その2）、3人用のオールシーズン用ドームテント。最新式のこのテントについては後のページでじっくりと話をしたい。

その3）、その1のテントをそっくりコンパクトにしたナイロンの2人用A形フレームのマウンテニアリング・テント。レインフライ付きで重量は2.5キロ。1人で山歩きするときのために最近買った。最近のA形フレーム・テントの典型的なモデル。

その4）、シェルト・テント。これはポールのないコンパクトな日本のシェルター。基本デザインはA形テントの小型版だが、専用ポールを使うようにはデザインされていない。しかしロープを多用して、樹の枝や岩を利用して上手に吊れば立派なA形テントになる。そうできないときには、適当にやって、一晩だけのシェルター。岩登りをしていたときに持ち歩いた2人用で1.2キロの簡易テントである。

その5）、タープテント。男爵がおっしゃっている通りのこの世で一番シンプルなテント。

その6）、床が3×3mあり、屋根のいちばん高い所は2.4もある大きなバケーション・テント。秩父連峰の西端の名山・金峰山の北の山麓の森の空き地に張りっぱなしにしてある、ぼくのセコンドハウス。テントはぼくたちのソフトハウスである。

ぼくたちはこの"家"を愛してます…。

ぼくがまだ紅顔可憐な美少年だった頃、ぼくたちのテントはコットン製だった（手前の2張りがぼくたちの物）。前後室付きのA形フレームの堂々たる4人用テントだった。ヒサシも大きいオーダーメイドだった。しかし、あのテントは10キロ近くあったんじゃないだろうか。でもぼくたちは、どこへ行くにもこんなテントを持ち歩いた。

現代のナイロン地のテントは素晴らしく軽い。2キロ以下の2人用のフリースタンディングのいいテントがある。化学繊維のおかげでぼくたちは誰でもが、たとえ一人きりでも、テントを携えて「ちょっと山で一泊」といえるようになった。これは化学繊維嫌いのぼくには奇妙な皮肉だ。

ソフトハウスの夢

　「人間は数千年にもわたって、ソフトハウスで暮らしていた。家（ハードハウス）の建築費が途方もなく高騰した時代に、ソフトハウスのよさが急に見直されるようになったのは、ごく自然なことなのだ……」（"ソフトハウスまたは地球の上に眠る"より＝S.ハッターマン＆田渕義雄著・森林書房発行）

　テントは、小さな柔らかい家だ。これはどこへでも簡単に持ち運べて、しかもほんの5～6分で建てたり撤収したりすることのできるソフトハウスだ。
　ぼくたちの遠い祖先は、数千年、数万年にもわたってソフトハウスで暮らしていた。地球の上の緑の大地がまだ誰のものでもなかった昔、人々はソフトハウスを建てて暮らしていた。寒い季節には暖かい土地に、暑くなれば涼しい高原へ、彼ら彼女らは季節をめぐってときどき自分たちの家を移動しながら暮らした。だから人々の家はみんな一種のテントみたいなものだった。
　テントは、週末や夏休みや冬休みには、いい自然のなかでちょっと遊牧民になってみるための、ぼくたちのソフトハウスだ。人は家を建てたり借りたりするときには、自分たちの夢やそして条件をあれこれ真剣に検討するはず。ぼくたちのセカンドハウスであるテント選びも全く同じこと。自分の週末遊牧民暮らしの夢を心にえがいて、その夢の入

れ物としてのソフトハウス選びをしたい。

　ぼくが今、いちばん好きなソフトハウスは、ザ・ノース・フェイス社の "オーバルインテンションI"。このオーバルインテンションのオリジナルモデルには、いくつかの短所があることは、もちろん7年間も使っている本人がよく承知している。しかし、少くとも、このドームテントに関してはっきりと自信をもって言えることがひとつある。それは「ぼくはこのテントがすごく気に入っている」ということ。
　このテントは、アメリカの若者のあいだでいつも話題になる建築家であるバックミンスター・フラー博士の "フラー・ドーム" を手本にしてデザインされている。そしてこのテントは、ジオデシック・テントと呼ばれる今話題の新しいドームテントのフロンティア。ジオデシック・テントとは、"最小の表面積しかなく、なおかつ最大の居住空間をもつ半球のソフトハウス"、ということなんですよ。ぼくにとっては、話せば長くなる思い入れがあるわけこのテントには、最初から。そしてぼくは、"朝目を覚ましたときに、明るいジオデシック模様の小さなドームのなかに自分が横たわっていることの、あの不思議な気分" が何よりも好きだ。

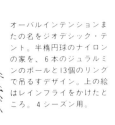

オーバルインテンションまたの名をジオデシック・テント。半楕円球のナイロンの家を、6本のジュラルミンのポールと13個のリングで吊るすデザイン。上の絵はレインフライをかけたところ。4シーズン用。

164

テントは自然を旅するときの、あなたの家だ。あなたのソフトハウスはやっぱりあなたらしい素敵なソフトハウスであればいい。いやいやそうじゃない、そうあったほうがいい、できるだけ。

"好きになれる"または"気に入る"ということはテントの主要な機能の一つである、ということをいいたかった。テントは、これから何百日もの夜をそこで暮らすための、あなたのソフトハウスなのですぞ。

とまあ、「カッコいいねえ。素敵じゃないこれは……」というテントを選んでください、っていうしかないのだ。「無責任な著者だなあー」って思う？　やっぱり。でもものすごくいろんなテントが売られているんだぜ、わかんないよ、全部のテントで暮らしてみたわけじゃないから。最近のテント、3万円以上のだったら、すごくよくできてるみたいだよ、みんな……。でも、ウォーカーのためのソフトハウスのガイドラインをいえばこういうことなんじゃないかなあ。

☆軽量コンパクトであること。"1人当たり1.5キロの重さ"がいい基準。2人用なら3キロのテント。3人用なら4.5キロというわけだ。でも1人用だと、そうはいかない。ちゃんとした小さいソフトハウスということであれば、残念だけど2キロは越えますねえ。（ソロイストは、いつもテントに関しては悩みがありますな）。

☆男爵もおっしゃっているように、テントの本体はブリーサブル（通気性）のあるナイロン地で、防水性のレインフライを備えたテントを。

☆A型フレームのあのマウンテンテントも捨て難いよさがあるけど、フリースタンディング、つま

りペグと引き綱なしで自分で立っていられるテントのほうが使い勝手がだんぜんいい。日もとっぷりと暮れて冷たい雨が吹きつけてきて、腹もペコペコでやっとたどりついたキャンプサイトだというのに、テントを張るペグが打てなくて、手頃な石もみつからなくて、30分以上も暖かい家が建たないときの、あの淋しい気分は味わわなくてもいい。フリースタンディングのテントは、組み上げてから、いちばん景色のいい場所にポイッと置ける。気軽でいいもんですよ。それにフリースタンディングのテントは、A型フレームのテントのようにみんなおんなじでないところがいい。それぞれにいろんな工夫をこらした姿をしていておもしろい。また、フリースタンディングのテントなら、雪山でもだいたい使える。あんまりすごい吹雪が吹きあれる高山の雪稜には、やっぱり雪山専用のテントが必要だけど。

☆ドアや窓にもモスキートネット（防虫網）がついていたほうがいい。テントは、夏でも夜になったら涼しくなるし蚊もいない、高山にだけ張るとは限らない。蒸し暑い夜は、ドアや窓をあけて網戸で涼しくおやすみなさい。

☆安すぎる製品には手をだすな。使い捨てのソフトハウスなんて、夢がなくて淋しい。

キャンプのプロである遊牧民のソフトハウスはだいたいドーム形。アメリカインディアンのティピーも、エスキモーのイグルーも、そしてモンゴリアンのユルト（包）もそうだ。この絵は、北ケニアのランドール族のソフトハウスのフレーミングを説明したもの。フルフェイスのヘルメットみたいな美しい形に拍手。もちろん左側がドアであります。

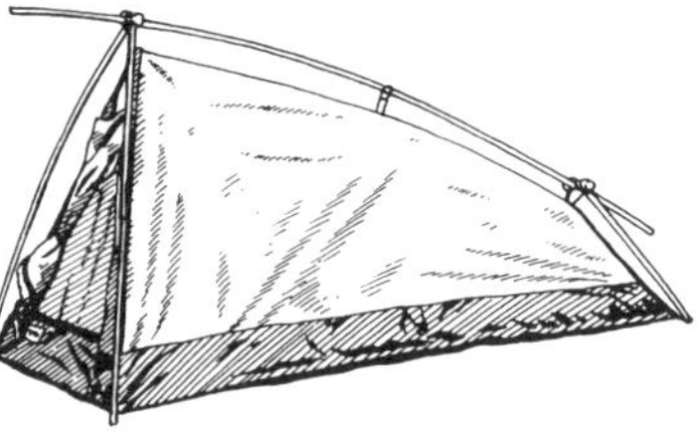

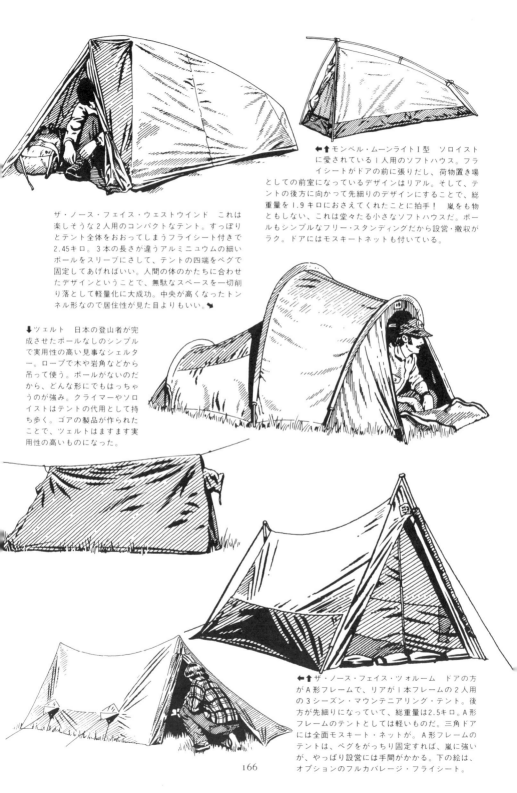

⬅⬆モンベル・ムーンライトⅠ型　ソロイストに愛されている１人用のソフトハウス。フライシートがドアの前に張りだし、荷物置き場としての前室になっているデザインはリアル。そして、テントの後方に向かって先細りのデザインにすることで、総重量を1.9キロにおさえてくれたことに拍手！　嵐をも物ともしない、これは堂々たる小さなソフトハウスだ。ポールもシンプルなフリー・スタンディングだから設営・撤収がラク。ドアにはモスキートネットも付いている。

ザ・ノース・フェイス・ウェストウインド　これは楽しそうな２人用のコンパクトなテント。すっぽりとテント全体をおおってしまうフライシート付きで2.45キロ。３本の長さが違うアルミニュウムの細いポールをスリーブにさして、テントの四端をペグで固定してあげればいい。人間の体のかたちに合わせたデザインということで、無駄なスペースを一切削り落として軽量化に大成功。中央が高くなったトンネル形なので居住性が見た目よりもいい。➘

⬇ツェルト　日本の登山者が完成させたポールなしのシンプルで実用性の高い見事なシェルター。ロープで木や岩角などから吊って使う。ポールがないのだから、どんな形にでもはっちゃうのが強み。クライマーやソロイストはテントの代用として持ち歩く。ゴアの製品が作られたことで、ツェルトはますます実用性の高いものになった。

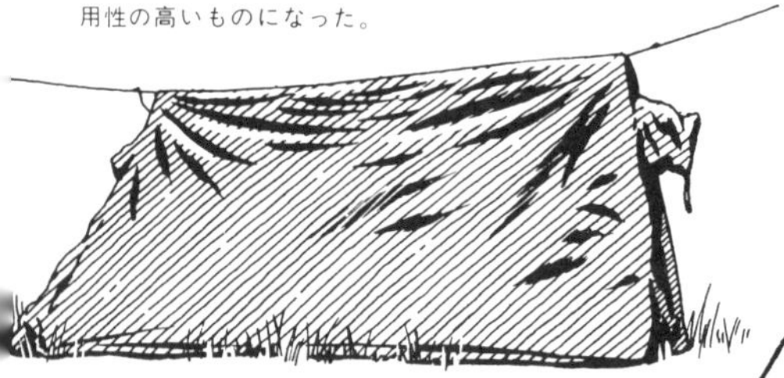

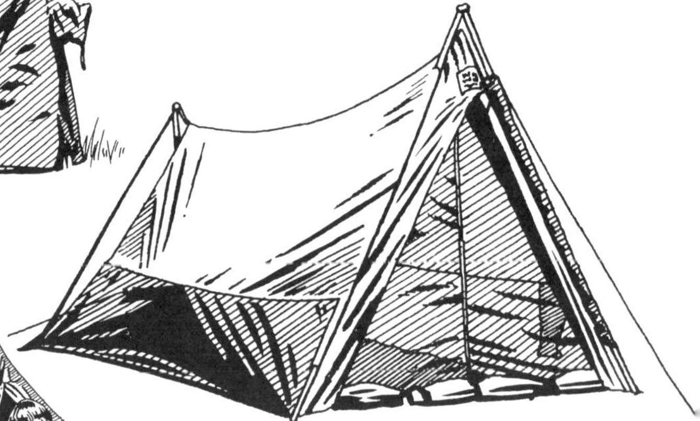

⬅⬆ザ・ノース・フェイス・ツォルーム　ドアの方がＡ形フレームで、リアが１本フレームの２人用の３シーズン・マウンテニアリング・テント。後方が先細りになっていて、総重量は2.5キロ。Ａ形フレームのテントとしては軽いものだ。三角ドアには全面モスキート・ネットが。Ａ形フレームのテントは、ペグをがっちり固定すれば、嵐に強いが、やっぱり設営には手間がかかる。下の絵は、オプションのフルカバレージ・フライシート。

←モンベル・ムーンライト３型　Ａ型のポールをリッジ・フレームの張力で吊っている構造のフリースタンディングのテント。フライシートと本体とのすき間が最大30センチあるため、防水性にすぐれているのがご自慢。三角ドアの全面にモスキートネットがあり、２人用としてはゆったりとしたスペースのテントゆえ、総重量は３キロ。(日本のテントで２～３人用というのは、２人ならゆったり目、３人はかなり地獄という意味)。これは２人用テントのベストセラーかも。

↑トレールワイズ・フィッツロイ　風に強いＡ形フレームのテントの最大の欠点は、設営のためにペグが何本も必要なことだった。しかし頭のいい人がいて、Ａフレームの底を内側にずらしてあげるだけで、Ａフレーム・テントをセルフ・スタンディングにした。前後室付きのがっしりとしたデザインで総重量3.2キロは、お見事！　２人用。

ザ・ノース・フェイスＶＥ23　２人円ジオデシック・テントの人気商品。長さが同じ３本のポールをジオデシッカリーにクロスさせたシンプルなドームテントで、底は正６角形である。シンメトリックなドームテントであるジオデシック・テントは、床面積の割には、居住性にすぐれている。荷物が置ける十分なスペースがあって3.2キロ。

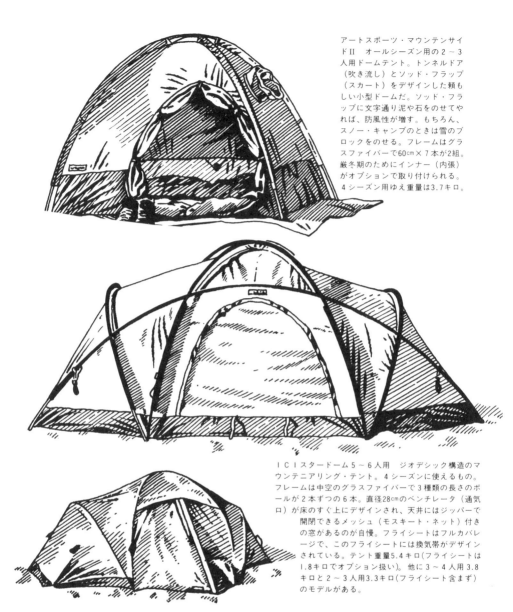

アートスポーツ・マウンテンサイドⅡ　オールシーズン用の2～3人用ドームテント。トンネルドア（吹き流し）とソッド・フラップ（スカート）をデザインした頼もしい小型ドームだ。ソッド・フラップに文字通り泥や石をのせてやれば、防風性が増す。もちろん、スノー・キャンプのときは雪のブロックをのせる。フレームはグラスファイバーで60㎝×7本が2組。厳冬期のためにインナー（内張）がオプションで取り付けられる。4シーズン用ゆえ重量は3.7キロ。

ICIスタードーム5～6人用　ジオデシック構造のマウンテニアリング・テント。4シーズンに使えるもの。フレームは中空のグラスファイバーで3種類の長さのポールが2本ずつの6本。直径28㎝のベンチレータ（通気口）が床のすぐ上にデザインされ、天井にはジッパーで開閉できるメッシュ（モスキート・ネット）付きの窓があるのが自慢。フライシートはフルカバレージで、このフライシートには換気帯がデザインされている。テント重量5.4キロ（フライシートは1.8キロでオプション扱い）。他に3～4人用3.8キロと2～3人用3.3キロ（フライシート含まず）のモデルがある。

●テントの手入れ

雨に濡れたテントは、よく乾かしてから収納する。できればテントを張った状態で乾かすのがいい。そうできないときには、できるだけ風通しのよい状態で乾かしてやろう。フライシートは、必要以上にクチャクチャにして袋に詰めこまないこと。ウレタンのコーティング折り目からははがれやすい。また、折ってたたむところをその都度かえてやるようにすれば、折りぐせがつかない分、コーティングがはがれにくく長持ちする。テントを張るときに尖った石の上に張ると床に穴があくことがあるし、そうでないときでも防水コーティングがその部分傷つけられる。針穴はシーム・シーラーで目どめしよう。

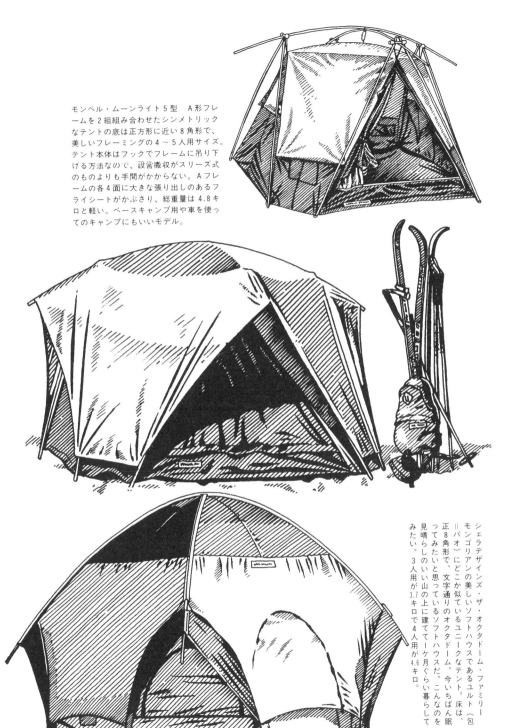

モンベル・ムーンライト5型　A形フレームを2組組み合わせたシンメトリックなテントの底は正方形に近い8角形で、美しいフレーミングの4〜5人用サイズ。テント本体はフックでフレームに吊り下げる方法なので、設営撤収がスリーブ式のものよりも手間がかからない。Aフレームの各4面に大きな張り出しのあるフライシートがかぶさり、総重量は4.8キロと軽い。ベースキャンプ用や車を使ってのキャンプにもいいモデル。

シェラデザインズ・ザ・オクタドーム・ファミリーモンゴリアンの美しいソフトハウスであるユルト（包=バオ）にどこか似ているユニークなテント。床は正8角形で、文字通りのオクタドーム。今いちばん眠ってみたいと思っているソフトハウスだ。こんなのを見晴らしのいい山の上に建てて一ケ月ぐらい暮らしてみたい。3人用が3.7キロで4人用が4.6キロ。

169

🐭自分自身のシステム開発を

はっきりいってしまえば、熱くならない木やプラスチックの板が付いている台所のナベ類が、やっぱりいちばん使いやすい。最近は小さな1人用のアルミニュウムの片手ナベも売られている。家の台所にも古くなってほとんど使われていない片手ナベがあるんじゃないかな。パッキングに少々不自由するかもしれないが、使ってみればやっぱりね、登山用に作られたのなんか目じゃない。ぼくの友人で、片手ナベばかりを愛用しているバックパッカーがいる。「ほんとうは厚いホーローか鉄製で木の柄が付いてるのを持っていたいんだが、重すぎるので我慢している。登山用に作られたコッフェルなんて、まるで偏見のかたまりだよ。パッキングのときだって、ほれこの通り」なるほど彼の片手ナベは柄手がドライバーで取り外しできるのだった。「スイス・アーミー・ナイフのドライバーがあればどうってことないよ。使い良いのよね、これの方がイッヒッヒッ」。

彼の片手ナベは、直径14㎝、深さ8㎝、もちろんフタ付きのアルミ・ナベ。どこの家の台所にもひとつぐらいはあるごくありふれた奴だ。重さは300gと少し重いが、ナベは厚手のもののほうが火の回りがスムーズ。彼はその片手ナベにすっぽり入るホーローの小さなボールを1個入れて持ち運んでいる。ナベ1個、食器1個のシンプルなクッキング・ウェアーである。

もしも、生米からご飯を炊く気がないならそれでいい。実際、台所用の小さな片手ナベが1個あ

れば十分。片手ナベは、そのまま手が熱くないいい食器になる。

ぼくはちゃんとご飯を炊くのが趣味だから、2泊以上の旅には右ページの写真のようなセットを持っていく。もちろん大きい方のナベにすっぽりみんな納まってしまうセットにしてある。

大きい方のナベは、直径12㎝、深さ10㎝、2食分のご飯が炊ける。インスタント・ラーメンのナベ兼ドンブリとしてもいい大きさ。小さいのは直径10㎝、深さ8㎝、スープやみそ汁用。大きな方のナベのフタは、ワイヤーの取っ手付きの食器兼フライパンである。それから取っ手が折れる小さなオタマ。これは日本製のすぐれ物で40g。プラスチックの小さなカップは、JALの機内食用の物。スチュワーデスにたのんでもらった。このノリタケ製のカップなかなかのもの。すごく気に入っている。熱い紅茶を飲んでも、アルミやプラスチックのあのいやな匂いがしないっていうのはうれしい。それから右下の鉄のディスクは缶入りバターのフタ。これはご飯をトロ火でむらすときの火力調整ディスク。ストーブの上にこのブリキのディスクをおいてからナベをかけてトロ火でムラせば、こげずにふっくらと炊き上るのである。ただしこの装置、テント内では使わない方が賢明。鉄板の輻射熱で、ときにストーブが加熱して安全バルブが作動し火の柱がボー。くれぐれもご注意されたい。とくにスベアの123とオプティマスの8Rはヤバい。これはMSRのストーブ用なのである。

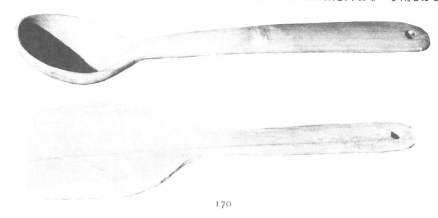

　以上、我が6点セットの1人用組み込み式ケト
ル(ネッスイング)の重量はしめて390ｇ。これだけあれば文句な
し、かなり優雅な食事の気分が味わえる。これは
ぼくのナベ・食器類のフル装備というわけだ。
　パーティーででかけるときには、共同装備とし
ての人数に見合った大きさのケトルを用意したほ
うが経済的。ストーブの燃料の無駄がないし、パ
ッキング重量も全体としては軽くなる。食器だけ
を各自が個人装備として持っていく。学校のクラ
ブなんかでは、全く同じサイズの大き目のボール
を1人2個づつ食器として共同装備にしているか
もしれない。重ねていけばカサばらないので、遠
征や長い旅のときはみんな今でもそうだろう。

　それから食物をあなたの口に運ぶための武器を
忘れないように。日本人だったら、ホークよりも
お箸(はし)の方が絶対にいい。軽いしより文化的だし、
よりビューティフル。アメリカのバックパッカー
だって、エキスパートのなかにはチョップスティ
ック（箸）を愛用している者がいる。日本人だっ
たら箸ですよ、あなた。
　ぼくは箸と木のスプーンの愛用者。写真の物は
自分で削った。下のはオシャモジ。スプーンは15
ｇでおシャモジは20ｇ。ライスイーターであるぼ
くとしては20ｇだったらおシャモジを持っていく。
　パーティーのときには、おシャモジとおタマは
やっぱりやっぱりあった方がずっとスマート。

ぼくはお茶と紅茶が好き。でもティー・
バッグは大嫌い。便利だけど香りがいま
いちだし、使った後に捨てられないでゴ
ミになるのがスマートじゃない。スーパ
ーやデパートで〝ティーボール〟という
のが売っている。これにお茶の葉を入れ
てティー・バックのようにして使う。使
った後のお茶の葉はどこにでも捨ててい
い。すぐにいい腐葉土になる。

171

ホットン・ホーボー・セット　E000みたいな放浪の旅に憧がれているんならアメリカン・スタイルのこんなセットはいかが。軍隊が野戦用の個人装備として用いるメス・キットと呼ばれるタイプ。フライパンとナベとカップと大皿の4点セットで、ナベとフライパンが抱き合せになって収納はコンパクト。薄くしまえるのが強味だが、ライス・イーターにはむいていないかもしれない（お米は炊きにくい）。180×70mmで450ℊ。

ニュートップ・メタクッカー　固型燃料（メタ）用の最小クラスのクッカーで、取手付きのカップ（ナベにも使える）の2点セット。クライマーはこんなものを持ち歩いてシンプルな食事をする。固型燃料用の台がついているがストーブに使っても犯罪にはならない。週末の一泊旅行で荷を小さくしたいときには便利。クッキングのセットとは別に、個人装備の食器セットにして使っている人も多い。105×85mmで180ℊと軽くコンパクト。

ビリー・ネッシング・ケトル　パーティ用の大型のセット。3点の深ナベにそれぞれにワイマーの大きな取手付きのフタがありフライパンの代用になるデザイン。いちばん大きなナベは5人用のご飯が炊ける。ぼくは一人ででかけるときには、いちばん小さなナベとメタクッカーをセットにして愛用している。中型のナベは2〜3人用にいい大きさ。収納には不利だが、ナベ類はこのケトルのように深い物が使い易い。155×180mmで810ℊ。

グランドテトラ・フライパン　テフロン加工
のフライパンはいかが。ワイヤーの取手はも
ちろん折りたためるデザイン。ウェスタン・
スタイルの食事の方が気分がでるというなら、
このフライパン１個とカップで旅をしてもい
い。フライパンはもちろんそのまま皿として
使う。203×40㎜で300ｇ。

↑ミロ・コーヒー・ポット
パーティででかけるときに
は湯沸し用のヤカンが欲し
くなるんじゃないかな。キ
ャンプ用に浅いアルミのヤ
カンが売られているけど、
浅すぎるので使いやすくな
い。これは５カップ用とい
うことだから、いいヤカン
になる。コーヒー・ポット
という名前がついているけ
ど、パーコレーターはない
ので、これはやっぱし湯沸
しということですよ。シン
プルできれいなデザインだ
と思いませんか。122×130
㎜で180ｇ。

↑ＳＭＣシェラカップ　アメリカのウォーカーのシンボルと
もいえるステンレス製の取手付きカップ。ウェスト・コース
トの有名な自然保護団体であるシェラクラブのカップとして
会員にくばられるのでこの名前がついた。火にかけて加熱す
ることもできるカップとして人気が高い。カップの縁と取手
には断熱処理がほどこされている。直径120㎜で85ｇ。

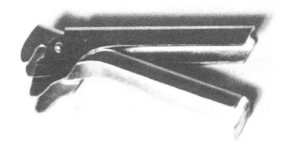

ポット・グリッパー　熱いポットをつ
かむためのアルミの取手。ひとつある
とやっぱり重宝する。いろんなデザイ
ンの製品が売られているから、あなた
のポットをつかみやすいものを。これ
があれば空き缶がポットに。

フード・コンテナー　ゴムのパッキングがついて、密封の
いいアルミのフードコンテナーが売られている。各サイズが
揃っているから遠征のときには便利。写真の左はマルキル製
で、取手をかねた板バネのスプリングでフタを密封するので
汁物も安心して運べる。サイズは３種類あり、これはいちば
ん小さいもの。写真右はグランド・テトラ製で昔のタイプ。
オカズ入れみたいなのがセットされている。

173

☞バックパッカーの美徳

メイベル男爵は、実にスマートな本当のインテリ、または本当のエコロジストでいらっしゃいます。男爵と一度でも食事をご一緒すれば、このお方が、いかに正しく、清く、そして美しい人生をお暮らしになっていられるかがすぐにわかる。

男爵はお食事の最後に、お皿の汚れをほとんどすべてパン切れできれいにしてしまう。パンで皿に残ったソースをふきあげたときに男爵のお食事は終わるのであるからして、男爵がお使いになった食器は、お食事のあとにはすべてピカピカ。皿洗いの必要なんかはないぐらいきれいになっている。昔、ぼくが子供だったころは日本でも同じだった。食事が終わると、ご飯を食べたお茶碗でお茶を飲んで、各自がお茶碗を自分できれいにした。少なくともぼくが住んでいた東京の下町の、ぼくの家みたいな貧乏人の家庭ではみんながそうしていた。ましてや食べ物を残したりすれば、鞭打ち100回、脳天逆さ吊り1時間だった。

キャンプでの食事の後かたづけの秘訣は、絶対に食べ残さないこと。そして、男爵の美しいマナーを見習うこと。具体的に説明すればこうである。

1）、食事の量をいつもやや少な目に作るのだ。そうすれば食べ物を残したりという罰当りなことはしなくてすむ。心貧しき愚か者だけが、食物を無駄にしゴミを生産するのだ。

2）、フランスパンを一切れちぎって、食器やナベの汚れをきれいに拭きとりながら、食事の仕上げをする。少な目の食事の量は、パンでおぎなうのである。

3）、お茶用の湯がわいたら、ナベと食器にお茶を注ぎ、お箸でこびりついた汚れをつっついたりしながらお茶できれいに洗う。実際、熱湯というのは、洗剤なんかなしでも脂汚れをきれいにしてくれる。

4）、食器をすすいだそのお茶はどうするか。もちろん飲んでしまうのである。

愚かで本当の教養のない者だけが、あの悪魔の合成洗剤を使う、自分の家でもウィルダネスでも。合成洗剤を使えば見た目はピカピカにきれいそうになる。でもあのピカピカしているのは、洗剤の油膜が食器にこびりついた証拠。今度、その食器を使えば、ぼくたちの胃には有害この上もない合成洗剤のスープが注ぎこまれる（合成洗剤の油膜を100％洗い流すためには大皿一枚につき、バケツ一杯の熱湯が必要なんですぞ）。

いずれにせよ、「地球の水を汚染し、地球の上のすべての生命を汚染することになる合成洗剤は、この宇宙からすみやかにかつ徹底的に排除すべきである」と男爵はおっしゃっておられる。

頭のいいエキスパートは、少量の湯と歯ブラシでナベや食器をみごとにきれいにしてしまう。それから、その歯ブラシで歯をみがいて香りのいい紅茶を飲んで、ナベと食器と歯と口のなかを同時にきれいにしてしまう。歯みがき粉やペーストで歯をみがくことには何の意味もない。口がさっぱりしないというなら、塩を少々使ってごらん。

●デハイドレイテッド・フード

　いちばん手っ取り早い方法は、登山用品店の食品コーナーに歩いていって、おいしそうだと思うデハイドレイテッド・フード（加工乾燥食品）を買ってくることだ。和食だろうが洋食だろうが、ありとあらゆるメニューがそろう。最近は和食のメニューが充実してきて、きんぴらごぼう、納豆、おろし大根なんていうのもある。のれん印の〝日本の味〟シリーズはなかなかの人気。（納豆は一晩水に漬けたほうがおいしいし、糸も引く）。

　加工乾燥食品は90％以上の水分が脱水されているのでとにかく軽いし、しかも調理されているので便利。自分の好みのメニューをみつけだして組み合わせれば、和食洋食いろいろとりまぜて、まるでレストランみたい……。デハイドレイテッド・グルメになる秘訣は、家でいろいろ試食してみることだ。味が濃かったり、一味たりなかったり、犬も食べられない代物だったり、それぞれのブランドのクセを知っておくこと。値段が高いメニューばかりがおいしいとはかぎらない。

　水や熱湯をパッケージに注げば、一応はそのまま食べられるように作られている。でも、やっぱりポットにあけて加熱してやったほうがおいしく食べられる。できれば、加熱する前に十分水に浸しておいたほうが素材がよくもどって味もよくなる。水は一般に説明書きよりもやや多めに入れ、弱い火力で加熱してやったほうが……。

　デハイドレイテッド・グルメの夢は、アメリカのオレゴンＦＤ食品の〝マウンテンハウス〟印のメニュー。アポロ飛行に携行され、原子力潜水艦ポラリス、またスペースシャトルのエンタープライズにも積みこまれているという、この凍結乾燥のメニューはすごい。ビーフシチューはもとより、スクランブルエッグや、それからイチゴやパイナップルなどのフルーツもそろっている。このシリーズは、98％の水分が脱水されていて、しかも圧縮真空パックなので体積もグッとコンパクト。荷物を軽くコンパクトにしたいときには大いに助かる。でも輸入食品ゆえ１メニュー（２人分）で1000〜1500円と安くない。モノソディウム・グルタメイト（化学調味料）がドバーッとたっぷり入っていて味はやや濃い目。ぼくの採点では、ヌードル＆チッキンとチッキン・シチューが５つ星。

☞人間は穀物食の哺乳類

乾燥食品のファースト・フードばっかりじゃあ「もううんざり……」ってそのうちに感じるようになるかもしれない。モノソデュウム・グルタメイトと砂糖の味付けは、嫌いな人にはたまらなく我慢できない。

だったらスーパーマーケットや食料品店へでかけていこう。もっと気が利いてておいしくて、添加物の入っていないマトモな食品がきっとみつかる。朝食には、"100％ナチュラル、砂糖無添加、フルーツとナッツ入りのミックスド・セリアル"なんてのはいかが。香りのいいティーをすすりながら、なかなかスマートな食べ物ですよ、セリアルは。だいじょうぶ、脱脂してないおいしい粉乳をみつけてきた。北海道乳業株式会社の"北海道牛乳"がおいしい。水にとかせば、近頃すごくまずくなった紙容器の加工乳よりもおいしいぐらい。広口のフタ付プラスチック容器を持って歩けば、すぐに牛乳が作れる。200mℓで20本分作れて500g。楽しいことがある。マウンテンハウスのストロベリーとこの牛乳があれば、素敵においしい"ストロベリー・シェイク"が山の上で飲める。ストロベリーはよく砕いて粉にする。写真みたいな広口の容器に北海道牛乳とストロベリーの粉と水を入れ、よくシェイクする。冷たい水があればもうたまんなくおいしい。（容器ごと30分以上冷たい流れにつけておいたほうが、イチゴがよくもどってさらにおいしくいただけます）。

日本の伝統的な乾燥食品も忘れないでほしい。

デハイドレイテッド・フードなどとカタカナで気取ったって、つまりは乾燥食品のこと。だったら日本はナチュラルでビューティフルなデハイドレイテッド・フードの宝庫。

乾燥ワカメ、コンブ、ヒジキ、シイタケ、凍り豆腐、ビーフン、湯葉、切干し大根、丸干しいわし、たたみいわし、干しだら、するめ、干しあび等々。どれも滋養に富んだバックパッカー向きの食品。あなたの街の健康食品のストアーにでむけば、信用できる日本のユニークな乾燥食品が手に入るかもしれない。

ぼくは日本食が好き。日本の昔からの食事は、世界一すばらしい滋養に富んだ健康食だと信じている。そしてお米は、真にウォーカー向きの主食。白人の長距離ランナーだって、レースの前1週間は肉食をやめて、穀物食に切りかえスタミナをつける。穀類は、ゆっくりカロリーになる人間という動物の主たる食物。人間の歯や消化器官は穀物を食べるように作られている。人間は、"穀物食の哺乳動物"だといいきることができる。

西欧の悪しき食品ばかりを輸入することに一所懸命だったこの100年の間に、西欧では日本の伝統的な米食のよさを輸入していた。進歩的なアメリカ人のほとんどはお米を毎日のように食べている。ぼくはライスイーターだ。長い旅だったら絶対に生米を持っていく。ぼくの経験からはっきりといえることだが、ご飯さえちゃんと食べていれば1週間ぐらいの旅なら実に元気いっぱいである。

☞いつも食べている食物が一番

アメリカのバックパッカーも長距離ランナーもお米を多食している。日本の登山の本やバックパッキングの本ばかりが、動物性蛋白質の大量摂取をすすめている。戦後流行した奇妙な牛乳コンプレックスと動物性蛋白質至上主義者たちの現代栄養学の悪しき影響である。そして一時期のテレビジョンの料理教室のスターだったお料理の先生たちは、こともあろうに糖尿病とガンで死んだ。婦人雑誌の出版社やテレビの関係者は、この事実をひたかくしにしたけど、これは本当のお話し。料理の先生が糖尿病やガンで苦しんでたなんて、あまりにもひどすぎるジョークだ。まだまだこわーい話がある。

昔、砂糖貿易でイギリスが莫大な資本を蓄積し世界で最強の国にのし上った頃の話。砂糖を満載した貿易船が7つの海を渡った。当然、遭難して漂流する船もあった。「カロリーの源そのものみたいな砂糖をいっぱい積んでいるのだから、乗船者たちはみんな元気で生き残っているだろう」と人々は思った。しかし砂糖貿易船の漂流者は、誰一人生き残っていなかった。

砂糖(ショ糖＝$C_{12}H_{22}O_{11}$)は、カロリー以外の栄養素はゼロに等しい99％以上純粋な、食品というよりは一種の化学物質。特に疲れているときには甘いものはおいしく思えるし、すぐに元気がでてくるような気がするけど、これは一種の麻薬作用みたいなものだ。血糖が急にはね上ることで大脳に作用し、頭をボーとさせて気を静めてくれる働きをする。砂糖は麻薬のように効くのである(嘘だと思ったら、コーヒーにティスプーン5杯の砂糖をよく混ぜて飲んでごらん。そして静かにしていてごらん。すぐに頭がボーとしてきて変な気分になるから)。

人間は水さえあれば2週間は生きられる。水だけで生き残った漂流者の記録は75日間。しかしそんなとき、砂糖を多量に摂取すれば、ミネラルやビタミンを使いはたして4、5日で死んでしまうらしい。砂糖は消化されるときに、多量のミネラルとビタミンを消耗する。

「砂糖は禁止すべきである」という学者も多くいる(「純白、この恐しきもの」ジョン・ユドキン著、坂井友吉訳・評論社)。砂糖の摂りすぎは危険なのだ。人間の消化器官は化学物質で動く内燃機関ではないのだ。

もしも今、あなたがとても健康で元気がある人なら、そして自分の食物に自信を持っているなら、あなたは毎日食べている食物を山へも持っていくのがいい。特別な食物というものは、あくまでも特別なものなのである。毎日毎日365日食べつづけても平気で、しかも健康を害することのない食品がぼくたちの体に合っている。カロリー計算なんかしなくたって、10日間ぐらいの旅なら元気にやっていける。いつもおいしく食べられる食物を、自分が好きなメニューを食べることが、実を言えばバックパッカーの食料計画の基本。ご飯を食べなければ元気がでない人は、ご飯を食べるべきだ。

「食品成分表」(科学技術庁資源調査会編・一橋出版・￥340)と「日本国憲法」(小学館・写楽ブックス・￥700)は、一家に一冊、下宿にも一冊の価値ある本。「食品成分表」にはありとあらゆる食べ物の本当の姿が分析されている。「日本国憲法」からは、この国の憲法がいかに平和と自由の精神に支えられ、この国の軍備や現代の社会システムが日本国憲法にいかに違反したものであるかがすぐにわかる。

●自分の肉体と心の名コックであれ

　元気なウォーカーというのは、フィールドでクッキー・モンスターみたいに旺盛な食欲を発揮する者のことである。特に長い旅になればなるほど、よく食べた者こそが、よく歩きよく笑う。（ときどきよく食べる割には……の人もいるみたいだけど）。いずれにしても、今日食べた食物は明日の肉体と心になる。体にいい食物をシンプルにおいしく摂るように心掛けるのはいいことだ。

　この写真は、ぼくの秘密の名コック。これさえあればなんだって自分の味で食べられる。

　ポリスクイーズ・チューブにいつも、ローストしたサンフラワー・ナッツ（ひまわりの種）を入れていく。ひまわりの種は、ぼくの魔法の種である。インスタント・ラーメンに入れてよく合うしマウンテンハウスのシチューにふりかけてもいいし、もちろんそのまま食べていられるほど沢山あるなら一日中ポリポリやってる。要するにヒマワリの種はぼくの大好物なのだ。

　それから35mmフィルムのケースに、荒挽きのブラック・ペッパーとパセリとチャイブ（ネギ）の葉っぱと海塩を持って歩く。自分が好きな香りや味のハーブ（香り葉）やスパイスを持って歩くのは、どんなものでもおいしく食べるコツ。専売公社の塩化ナトリュウム99％の塩ではなくて、海の味の海塩はそれ自身で立派な調味料。それから緑茶。ご飯をたらふく食べた後では、やっぱり日本のお茶だね。

　ポリの小さなボトルにはサンフラワーのサラダオイルが入っている。生野菜（たとえばニンジンやタマネギやゴボウ）や山菜をいためたりするときのために。

　食べ物の好みは、年齢によりちがってくる。子供や若い人は、やっぱりマクドナルドのハンバーガーが好きかもしれない。大人になれば牛肉より日本食が好きになるだろう。ぼくの場合、油ぽいものは家でも苦手だから、自然のなかでは余計にシンプルな味の食べ物をおいしいと感じる。

　バックパッキングだからこそ、普段の食べ物がいちばん食べたくなる。そして好きな物は、すぐに血となり心となる。

　ところで、ナッツ類は滋養に富んだバックパッカーのための価値ある食物。日本のバックパッカーは、動物性の蛋白質のことばっかり気にしないで、もっとこの植物の種のすぐれた栄養価に注目してもいいのではないか。例えば、ヒマワリの種と牛肉の成分を比較してみようか。カッコ内は牛肉のひき肉。数値は100ｇ当たり。
エネルギー＝611Kcal（285Kcal）、水分＝3.7ｇ（17.9ｇ）、蛋白質＝19.9ｇ（17.9ｇ）、脂質＝56.4ｇ（23.1ｇ）、炭水化物＝17.1ｇ（微量）、カルシウム＝95mg（85mg）、リン540mg（85mg）等々。

　ナッツはカロリーと上質な蛋白質と脂質とカルシウムに富んだウォーカー向きの食べ物。そのままおいしいし、どんな料理にもよく合うし、カサ張らずにムダがない。そしてもちろん、保存は思いのまま。ご飯に炊き込むのも大いに賢い方法。

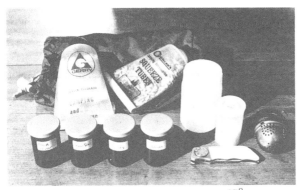

☞ウォーカーは小鳥の如く食べよ

個人差というものはあるだろうが、ウォーカーは歩きながらでも少しずつ物を食べたほうがいいと思う。食事の時間を杓子定規に決めて、無理矢理それに合わせることはない。少しでもお腹が空いたと感じたらその場で何か食べたいものを口にしていい。いつでも少しずつ食べてる小鳥みたいな食べ方がいい。空を飛ぶ小鳥の消化器官は、ジェットエンジンに似ている。食べた物をたちまち消化し燃やしそのエネルギーで空を飛ぶ。消化しない物はどんどん体外に排出し、体をいつも軽くしておく。飛べなくなるほど一度にたくさんの食物は食べない。

重い荷を背負って山道を登るウオーカーの運動量はまさに重労働。新陳代謝の速度が早まり、熱エネルギーとして胃の中の食物はどんどん消化されていく。小鳥みたいに少しずつ食べつづけて、どんどん消化していくのがいい。何時間でも歩きつづけることのできるウオーカーは、暇さえあれば食物をこっそり口にしている。彼は一日中ほとんど食べながら歩いている。行動中に空腹を我慢すれば疲労が大きくなる。特に体重の軽い人は、小鳥に近いのと同じことだから、お腹を空かしたまま長時間歩きつづけるのはよくない。

自分の好みということを十二分に考慮して、秘密の行動食を作って、ポリポリ歩きながら食べよう。ぼくはジップロックのプラスチックの袋にいろんな物をミックスして持って歩く。1日1袋というように小分けにしてパッケージする。アーモンド、カシューナッツ、マカデミアンナッツ、サンフラワーナッツなどのナッツを主体に、レーズンとマーブルチョコレートのミックスが、ぼくの秘密の行動食。砂糖の摂りすぎは人体に有害だけど、砂糖の正体を知っていれば、マーブルチョコレートはうっとり甘い夢の嗜好品だ。溺れて乱用しなければ、砂糖菓子は人間のいい気晴らし。ニコチンだってアルコールだって砂糖と同じことだ。乱用しなければ、いいところもある。

よくバランスのとれた自分用の秘密のミックス行動食を発見することはたのしいことだ。何種類かのミックス行動食をクリエイトして、ロッキー・マウンチングとかシェラネバダ・フェイバリットとか、八ヶ岳スペシャルなんていうネーミングをしてあげて、そのウオーキングの気分に合わせて行動食のメニューに変化をもたせるのもバックパッカーの楽しい気晴らし。グラノラも食べすぎなければいい行動食。（砂糖が多いので食べすぎはよくないと思う。）

健康のためには、お腹が空いたときに空いた分だけ食べるのがいいといわれている。規則的な3度の食事は、5度になってもいいのだ。現代人は夕食を一番豪華にしたがるけど、これは生理学的には正しくない。少なくともウオーカーみたいな重労働者には、朝食、昼食、夜食の順で摂取量を少なくしていったほうが理想だといわれる。現代人は眠る前に、必要以上の食物を摂取するから、朝は食欲がないだけのことなのである。

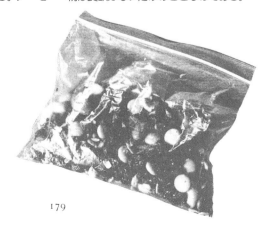

☜ウォーカーの魔法の火

　ジャケットのポケットにおしこめるほど、軽量・コンパクトなクッキング・ファイヤーであるキャンプ・ストーブはキャンプ道具の傑作であり、バックパッカーのシンボル。カップ一杯ほどの燃料をタンクに満たして点火するだけで、吹きすさぶ吹雪のなかでも熱いスープが飲めるしご飯が炊ける。キャンプ・ストーブは、ガソリンと石油とLPGを使うものが一般的。

　LPGを使うストーブは、燃料タンクが使い捨てのカートリッジ式で、点火も都市ガスと同じで、バルブをひねってマッチ1本でボッ。その使い易さが初めての人には魅力。でもカートリッジが使い捨てで、いかにも資源の無駄使いって気がするし、またガスなので液体燃料と比べてすごくカサ張る。心ないキャンパーによって捨てられたカートリッジが、そこいらじゅうのキャンプサイトにころがっているのを見るのも辛い。使い捨てならやっぱりポイッとどこにでも捨てちゃう人がこの国にはたくさんいる。ガス・ストーブはカートリッジに封入されたガスの圧力で燃料がふきだす構造なので、低温のときにはカートリッジ内の圧力が下がり、十分な火力が得られない欠点がある。また風にも弱い。雪の上で、しかも風があれば、1リットルの水は永遠に沸騰しないかもしれない。そのかわり、テント内でクッキングをするときには、ガス・ストーブは安全で扱い易くて有難い。パーティで2台以上のストーブを持っていくときには、テントの中用に1台あると便利。

　石油（白灯油＝ケロシン）を燃料にするストーブは、燃料が入手し易く、ガソリンよりも引火力が低いので扱い易く安全、ということでこれを愛用する人も多い。また排気ガスがガソリンのそれよりも安全なのでテント内でもたける良さがある。しかし石油ストーブは、点火時の予熱（プレヒート）に手間がかかり、その構造的な理由から（ポンピングの圧力がガソリン・ストーブよりも高いこと）、重くてカサも大きくなる。でも、火力と燃費はガソリン・ストーブに負けていない。

　ぼくはガソリン・ストーブが好きだ。ガス・ストーブが軽自動車なら、石油のストーブはディーゼルのセダンだ。だったらガソリン・ストーブは、ツインキャブの四輪駆動車だ。ガソリン・ストーブは一番コンパクトで頼もしい。人気もNo.1。

　キャンプ用のガソリン・ストーブにはいろんなデザインのものがあり、それぞれにセールスポイントを主張している。しかしこのストーブが燃焼する構造は単純で、どの製品も基本的にはだいたい同じようなものだ。ポンプで加圧する式の製品と、加圧しないでもストーブ自体の燃焼熱でタンク内が加圧するものとがある。後者はよりコンパクトで少人数か1人用のストーブ。

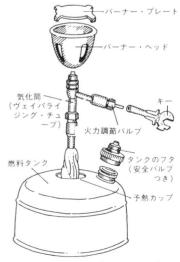

バーナー・プレート
バーナー・ヘッド
気化筒
（ヴェイパライジング・チューブ）
キー
火力調節バルブ
タンクのフタ
（安全バルブつき）
燃料タンク
予熱カップ

スペア123　ホワイトガス・ストーブ

ガソリン・ストーブは、燃料タンクとバーナーとそれを結ぶ細い気化筒（ヴェイパライジング・チューブ）とクッキングのためのグリルと風防とでできている。ストーブをコンパクトなものにするためには、タンクとバーナー部を縦にレイアウトするのが一般的だが、これを横置きにした製品もある（オプティマス８Ｒ、ＭＳＲ）。

　燃料のガソリンは、気化チューブからタンク内に吊りさげられた芯に吸い上げられて、気化チューブを通り、火力調整バルブを経て噴射ノズルの針穴からバーナーへ噴出する。気化チューブを通るときに気化（ガス化）したガソリンは、噴射ノズルの上方に置かれた赤熱しているバーナー・ブレートにぶつかって完全燃焼する。

　ストーブが燃焼している間は、その熱でタンクが暖められるので、内部の圧力が高くなり自動的にガソリンを気化チューブに送りつづける。つまり一度点火すれば、ストーブは自分の燃焼熱で燃料を気化させつづけて、タンク内の燃料が空に近づき内部の気圧が急速に下がるまで自動的に燃焼しつづけるのだ。

　しかし点火のときにはこのサイクルを始動させてやるために、タンクと気化チューブを予熱（プレヒート）して燃料を気化させてから点火しなければならない。プレヒートは燃料の生ガソリンを燃やすか他の固型燃料などのファイヤー・スターターを用いる。

　燃料のガソリンは、〝ホワイト・ガソリン〟を使用する。これは自動車用のそれよりも揮発性の高いガソリンで点火しやすく、煤（すす）をあまり出さずにきれいに燃焼する。自動車用のガソリンは化学的な添加物を含んでいるので、噴射ノズルや燃料の濾過装置に目詰まりをおこすので使わないほうがいい。

　キャンプ・ストーブはウオーカーの魔法の火だ。これは人間が作りだしたいろいろな道具のなかでも、最高傑作のひとつに数えられていい、愉快なポケットサイズのクッキング・ファイヤー。これは小さくてシンプルな道具だけど、堂々たるマシーンである。どれを買うかはいろいろ悩んだ後で決めるとしても、バックパッカーなら自分の物をひとつは手に入れて、末長く友達づきあいをしたほうがいい。でかける前に家でストーブの調子や癖をよく調べてから持っていくこと。現在市販されているストーブはどれも信頼性が高く、正しい扱いをすれば問題はない。しかしこれは燃焼機械。ときには気むずかしくなってあなたを困らせることもあるだろう。自分の相棒として、大切に取り扱ってこそ、相手もあなたの友情に応えてくれる。何を言われようが、他人には貸さないことだ。

　衣類を人に借りる人というのはあんまり多くない。汚れたりいたむのが目に見えやすいせいだろう。しかし、キャンプ・ストーブみたいなものは、使い慣れていない人が使えば衣類以上に調子が悪くなる。初めての人に、自分のオートバイや軽飛行機を貸す人はいないだろう。キャンプ・ストーブは、そのストーブを使い慣れていない人に貸すと、不思議と変な調子になって帰ってくる。

風防をセットしたスペアー２３

181

スペア123R（右）　市販のガソリン・ストーブで最小のベストセラー。タンク容量0.14ℓ。燃焼時間45分。加圧不用式。ノズル自浄装置付。重量0.6kg。
オプティマス8R（左）　タンク容量0.2ℓ。燃焼時間50分。加圧不用式。ノズル自浄装置付。重量0.7kg。123Rと8Rは小型ガソリン・ストーブのよきライバル。8Rの方が使い易いが123Rはより小型。

ホエブス725（右）　小型ガソリン・ストーブながら火力は強力。マウンテニアラー（登山者）やクライマーに昔から愛されているオーストリア製のストーブだが、123Rや8Rにくらべやや重い。タンク容量0.25ℓ。燃焼時間1時間。加圧不用式。ノズル自浄装置付。重量0.96kg。
ホエブス625（左）　1ℓの水を約4分で沸騰させることができるパーティ用のガソリン・ストーブ。ファイヤー・プレートが消音装置を兼ねる。タンク容量0.6ℓ。燃焼時間3時間。加圧式。重量1.28kg。

MSRストーブ　シグ社のボトルを燃料タンクにするようにデザインされたユニークなガソリン・ストーブ。ガソリンをタンクに入れ替えずに、ボトルをそのままセットすればよく火力も強力。1ℓボトルでの旅には使い勝手がよく、パーティでの旅には使い勝手がよく火力も強力。シグ社の1ℓと0.6ℓのボトルがセットできる。1ℓボトルで燃焼時間は5時間以上。重量は0・35kg（ボトル含まず）。アルミニュウムの2種類の風防付。加圧式のストーブで石油との兼用モデルGKもある。

コールマン・ピークⅠ　プレヒート不要タイプの最新式ガソリン・ストーブ。タンク容量0.3ℓ。燃焼時間60分。加圧式でノズル自浄装置付。プレヒートなしで点火できるが最大火力までに2分間かかる。ピークⅠは、ホエブス625やMSRの対抗機種ということで1人用のストーブとしては大きい。重量0.9㎏。ピークⅠはファイヤー・プレートが大きくグリルも立派なのがデザインされていて使い心地は、抜群にいい。またトロ火が使えるのもこのストーブのよさでご飯をむらすのには最高だ。

オプティマス88（クッカー・キット）　スペア123の風防を取り外して、クッカーの中にセットしたまま持ち運べるシステマチックなクッカー・セット。2段の風防と2つのポットからなるセットで、スペア123のバーナー部を外して下の段の風防にセットしたまま収納できる。ストーブの風防を置いていけることで280gの軽量化ができ、よりコンパクトに。重量350g。

アルミの風防　風防をストーブのまわりにセットしてやることで、燃焼効率がいちじるしく向上し、燃料の節約になる。実際、風のないところで湯を沸かすときと、風防があるとないとでは2倍以上熱効率がちがってくる。専門店ではアルミ板のストーブ用風防が売られているが、いちばんリアルなのは〝テンプラ・ガード〟のアルミ箔だ。円筒形にしてホッチキスでとめてやれば収納もラクな風防に。

オプティマス・ミニポンプ　加圧不要式の小型ガソリン・ストーブの給油口にセットし、点火時にプレヒート用のガソリンを吹き出させるためのポンプ。またタンク内の圧力を高くして火力を強くすることもできる。スペア123、オプティマス8R、99にセットできるが、スペアの123は風防を付けたままでは使用できない。重量65g。

ベニアの調理台　これは1人ででかけるときにもいつでも持ち歩いているベニア板の小さな調理台。スペア123は縦長なので、ストーブの座りがよくない。つまらないもののようだが、このベニアの調理台の威力はすごいのである。写真のものは26×14㎝で70g。この調理台は、もちろん食事のときにはかわいいテーブルになるのであります。

オプティマス96L　石油を燃料とするストーブでは最小のモデル。石油ストーブは、ガソリン・ストーブよりもプレヒートに手間がかかり、収納するときにバーナー部を取り外さなければならない。また重量も重くなるので、今やガソリン・ストーブが石油ストーブに取ってかわった。しかし、石油ストーブは燃焼排気ガスがガソリンのそれよりも安全だし、引火による危険も少ない。96Lは小型ながら火力は強い。タンク容量0.28ℓ。燃焼時間1時間。重量620g。

EPIガスBP型　ヘッドの脚（グリル）が折りたため、ケースの缶にすっぽり収まってしまうデザインで、バーナーはポケットに入ってしまうほどコンパクト。ケースの缶のフタは風防になり、缶の本体はナベになるというアイデア。日本のバックパッカーには一番愛されているガス・ストーブなのではあるまいか。重量はケース共で310g。専用のカートリッジ式ガスボンベは230gで、燃焼時間3時間。50円高い“寒冷地用”のボンベが圧力が高く火力が強い。

キャンピングガス・トロッターコンロ　EPIガスBP型のライバル機種。ボンベ自体が小さいので、一般に入手できるガス・ストーブ中で最小のモデル。収納ケースは立派なポットとして使え、重量は470g（ケース共）。ガス・カートリッジは230gで燃焼時間は1時間。ガス・ストーブはテント内や夏期には点火もマッチ1本だし使いやすいものだが、冬期のテント外では気圧があがらず湯が沸かないことがよくある。

エスビット・メタスタンド　錠剤状の固型燃料がパックされた折りたたみ式の鉄のスタンドで胸のポケットに入ってしまう最小のクッキング・ストーブ。サイズは102×72×20mmで固型燃料がパックに入っていて180g。日帰りのハイキングの折りに、ちょっと湯を沸かすのに便利。

EPIガス・ヒーター　冬期にテント内を暖房するためのヒーター。大きなリフレクターがデザインされていて暖房効率はなかなか。ちょっと贅沢なものだが、週末のスノー・キャンプのときにもっていけば、あなたのソフトハウスはホテル並みの暖かさが約束される。EPIのガス・ストーブと共用のガス・ボンベにセットし、750Wで5時間燃焼する。重量は410g〈ボンベ別〉。

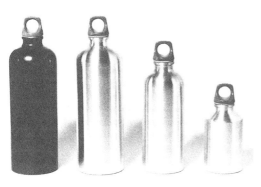

ジグ・アルミニュウム・ボトル　ストーブ用のガソリンや石油のボトルはアルミなどのメタル製でキャップ漏れのない製品を選ぶこと。プラスチック（ポリ容器）の製品は、ガソリンや石油に成分が溶けストーブのフィルターやノズルの目詰りの原因にもなる。シグのボトルには1ℓ、0.6ℓ、0.3ℓの3種類があり、色付きは耐蝕性。

シグボトル用給油キャップ　細いプラスチックの差し口が付いた専用の給油キャップ。ボルトのキャップに紐でゆわいつけておけば便利に使える。この給油キャップのアイデアはなかなかのもの。もちろんエアー抜きがあるから、ガソリンをこぼさずに給油できる。20g。オプティマスから10gの小さなプラスチックのファネル（ジョウゴ）が。

カポック・コンテナー　収納しやすいフラットタイプの燃料コンテナー。耐蝕メタル製で注油口（ポーリング・スポウト）がデザインされていて便利。1ℓ、0.75ℓ、0.5ℓの3種類があり、キャップ漏れはない。ただしキャップのシールがしばしば硬化し、燃料漏れをおこすことがあるので注意。燃料ボトルのキャップのシールは時々交換する。

プレヒート用スポイト　ポンプのないガソリン・ストーブをプレヒートするときに燃料をくんで使うのに重宝。IC！石井スポーツの店長には内緒だけど、2800円もするミニポンプなんかより、あなた、これがいいですよ。たったの3gで15円だ。

☞焚火について

焚火は森のクッキング・ファイヤーであり、ヒーターであり照明であり、ゴミの消却炉であり、そしてけっしてあきない森の夜のテレビジョン。焚火はいい。焚火は暖かくて優しくていい匂いがする。どのように便利なキャンプ・ストーブがあろうと、木を燃やす楽しみにはまた格別なよさがある。

だがしかし、焚火はもはやあまりにも贅沢で高いものになった。もしもあなたが森のキャンプサイトで焚火を楽しめば、その焚火跡は10年間はもとにもどらない。あなたの焚火跡は緑の草のジュウタンの黒いシミ跡になっていつまでも残る。そしてみんなが同じことをやれば、そこいらじゅうが焼け跡だらけになる。

登山者やバックパッカーがたくさん集まるキャンプサイトでの焚火はもうやめにしよう。たとえそれが禁止されていない処だとしても、焚火の楽しみは山や森の中ではもはや現実にそぐわない。この国のウィルダネスは、残念だけどぼくたちが焚火を楽しめるほど豊かなものではなくなっている。登山のときにはなおさらそうだ。森林限界よりも上では、せいぜいハイマツの枯れ木が燃料になるぐらいのものだし、ここは最初

から焚火をしたりするようなところではない。高山の地表の生態系はあまりにも無防備。あなたの焚火跡は、100年たってももとにはもどらない。

けれども、長いアプローチでのキャンプや沢すじを歩くときには、流木や枯れ木を拾っての小さな焚火ぐらいは許されてもいいんじゃないかな。いくら薪があるからといっても林間学校のときみたいなでっかいキャンプファイヤーは厳禁。キャンプのプロだったインディアンやカウボーイは大きな焚火をおこさない。直径が40センチ以内の小さな焚火のほうが実際的だし、クッキング・ファイヤーにはそれで十分。キャンプファイヤー・フリーク（焚火狂い）は、時代錯誤の一種の放火魔。チョロチョロ燃える焚火の炎のなかにこそ、バックパッカーの夢と愛がある。

焚火でクッキングができるようなトレールを歩くときには便利なバックパッカーズ・グリル。ステンレスのチューブでできた小さな焚火用のファイヤー・グリルでポットやナベをかけるのにいい。長い旅のときにはひとつ持っていて、可燃性のゴミを消却するときにその火を料理用にすれば燃料の節約ができる。枯れ枝と一緒に燃やしてきれいに消却してやんなきゃいけない。このグリルは125×370mmで100g。

●ソフトハウスの照明

人間はながい間、ゆらめく焚火やロウソクの熖をみつめて夜を過ごしていた。電気の照明器具を使いはじめるようになってから、まだたったの100年とちょっとしかたっていない。

ロウソクの熖は暖かくてやさしい。もしも無人島で1年間1人で暮らすことになったら、ぼくの家の照明はロウソクか石油ランプにするだろう。ジェネレーターを動かして電灯をともすことができるにしても、ぼくだったらゆらめく熖の照明を選ぶだろう。焚火やロウソクの熖をみつめてうっとりすることをスワヒリ語で "アナボタ・モト" という。"火を夢みている……"という意味。

1人か2人でのソフトハウスの照明だったら絶対にロウソクがいい。「少し暗くない？」って感じるかもしれないけど、そんなことはない。ロウソクの明りで、あなたはこの "バックパッキング教書" を読んで笑うことができる。そしてロウソクは世界で一番小さくてカサばらない照明器具。ソフトハウスをほのかにやさしく暖かくしてくれるし、すごくロマンチック。ロウソクの熖をみつめて、火を夢みてみれば、昔々の人たちがどんな気持ちで夜を暮らしていた

←風や雨も平気なキャンドル・ランタン。ロウソクの無駄がなく経済的で安全。ぼくはこのランタンをゴム紐で吊るす。そうすれば、「ご飯がムレたかなあー」なんてときに、ランタンを引きよせて照らしてやることができる。5ツ星もんのアイデアだぞ。長さ15センチで170g。

➡みんなとワイワイででかけるときはこれ。プリムスNo.2240スポーツランプと申す。重量は300gでガスカートリッジ（220g）1本あれば12時間使える。

かがわかる。ロウソクの熖は遠い世界へあなたを運んでいってくれるタイムトンネル。ぼくはいずれ "ロウソク評論家" になりたいとおもっているぐらいロウソクが好きだ。ロウソクの直径と芯の太さ長さのバランス。ロウの素材の研究。ロウソクは人類が電気を発見する以前に作られた照明器具の大傑作。ぼくは今このページの原稿をバックパッキングのためのロウソクの明りで書いてみた（ほんとうだよ。ロウソクの話はもっともっと書きたい。いつか "ロウソクの本" という本を書くぞ。ロウソクは人類の友達なんだよ）。

パーティーででかけるときには、ガス・ランタンが使いやすい。明るいし冬山ではヒーターの役割も十分にはたしてくれる。

ところで、バックパッカーはもっと月と仲よしになったほうがいい。よく晴れた満月の夜なら、月明りで新聞が読める。満月の夜なら電灯がなくても夜を歩ける。そして、月はウォーカーの友達。

☞フラッシュライト

　よく晴れた満月の夜ばかりだとは限らない。フ
ラッシュライト（懐中電灯）が必要だね。
　フラッシュライトは小さくて軽いのでいい。ぼ
くが愛用しているのは、単3電池2本の掌サイズ。
長さ105㎜で電池付きで80ｇ。アメリカ製のマロ
リー・フラッシュライトという名前。どこのスポ
ーツ用品店でも売ってるはず。今使ってるのは2
代目で、接触不良などのトラブルは一度もなかっ
たので安心して使える。1代目は崖から落として
以来、どうも調子が悪くなったのでご引退願った。
あのときからフラッシュライトには細紐をループ
にして首から下げるようにしている。ハンドライ
トはこうして首から下げるようにしておけば、紛
失しないし使い勝手がいい。
　「もっと本格的でカッコいいのがないの？」って
人にはヘッドランプをおすすめする。炭鉱夫が使
っていたのと同じデザインのものだ。バッテリー
・ケースにもライトが付いていて、スイッチの切
り換えでハンドライトにもヘッドライトにも使え
る。夜を徹して歩いたり、暗くなってから食事の
支度をするときには便利。クライマーはみんな
これを使う。フランス製のワンダーランプが有名だ
が、日立とナショナルとエバニューでも同じデザ
インの製品を最近売りだしている。
　ところで、ライトやラジオや髭ソリなんかは、
同サイズのバッテリーの製品に統一したほうがい
い。そうすれば、流用できるから余分にバッテリ
ーを持っていかなくても安心していられる。

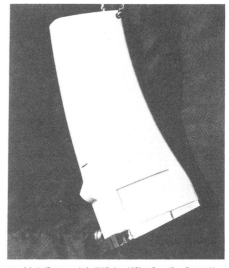

コンパクトでスマートなデザインが気に入っているマロリー
フラッシュライト。予備の電球を入手しておこう。

これが有名なワンダーランプ。世界中のクライマーや登山者
の夜を照らした。専用の4.5Vバッテリーを使うので明るい
が入手しにくい欠点が。本体は160gでバッテリーが110g。

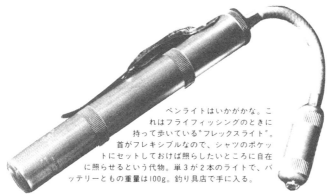

ペンライトはいかがかな。こ
れはフライフィッシングのときに
持って歩いている"フレックスライト"。
首がフレキシブルなので、シャツのポケット
にセットしておけば照らしたいところに自在
に照らせるという代物。単3が2本のライトで、バ
ッテリーともの重量は100g。釣り具店で手に入る。

188

●正しい雉の撃ち方

山屋言葉で用を足すことを〝雉を撃つ〟という。ヤブのなかでゴソゴソやるからそう言うらしい。雉撃ちにはもちろん2種類ある。小雉と大雉撃ち。小雉撃ちは問題ない。簡単だね、いつもやってるから自然のなかでは。流れやキャンプサイトから50メートル以上離れているところならどこでもいい。植物にとってもいい尿素肥料になる。女の人の場合は男ほど素早くはできないかもしれない。「でも慣れればどうってことないわよ。自然のなかでパッとやっちゃうのって悪くない。清々するわね、景色のいいところでやるのよ。山歩きの楽しみのひとつだわ……」あるエキスパートのご婦人はそういってた。

問題なのは大雉撃ちだね。そこで正しい大雉の撃ち方。「ちょっと散歩してくらあー。何か食べられる草の実でもさがしてくるよ。木イチゴにいい季節なんだけど……」ってなことをつぶやきながらでかける。人間の頭よりも2回りほどの大きさの丸石がうまく頭だけだしてるといいんだが。ヨイコラショッと持ちあげれば、そこにちょうどいい穴があいてる。ゆっくり用足ししたら使ったトイレットペーパーに火をつけてきれいに燃やしてやろう。紙は灰になってすぐに土に還って森のカリ肥料になるし、煙の臭いがハエの企みをあきらめさせる。最後に石をもとどおりに返して無事成功。「何にもないよ……」ってつぶやきながら帰ってくればいい。

いい丸石がいつもいつも森の腐葉土のなかに頭をだしているとはかぎらない。そんなときには、枯れ木の枝や尖った石なんかで穴を掘る。穴の深さは最低10cmは掘る。でも20cmよりも深く掘っちゃいけない。大地の表土は地表の20cmまでがいちばんバクテリアが大活躍している。あんまり深いところでは分解されない。トイレットペーパーに火をつけてきれいに灰になったら土をもとに返して、森の堆肥作りは終了。

「心をこめて上手にやらなきゃいけない。美学的なセンスもまた重要視されるべきである」。日当たりのいい土地ならヒマワリの種でもまいておいたらどうかな。今度夏の終りに来るとき、種が採れるかもしれないし、ヒマワリの種は小鳥のいいエサになる。「そんなことをするのは生態系の破壊だ、けしからん」なんていうシリアスなエコロジストがいるかもしれないけど……。

ビニールの袋にトイレットペーパーとマッチの箱を入れておくといいんじゃないかな。

ところで、朝起きた直後よりや食事の直後よりも、1時間ばっかし歩いた後のほうが大きないい雉を撃てるってことを知ってたほうがいい。キャンプサイトで雉を撃たなきゃいけないなんて法律は今のところない（ちゃんとしたトイレの設備があるところならそうしたほうがいいけど）。

結局、トイレの問題に関していえば、犬よりはネコのほうがずっとスマートな動物だといえる。ぼくたちは人間だ。ネコよりももっとスマートにやれないなんてことがあるのはおかしい。

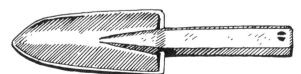

人間はネコのような爪を持っていないかわりに、このような道具を持ち歩くことができる。これはネコ式トイレのための長さ25cm、重さ57gのプラスチックの小さなシャベル。トイレット・トロウェルトという商品名で売られている。アメリカ製だが、なぜかこれは日本では見かけない。ひとつあればいろいろに便利な代物なんだけど……。まあ園芸用の移植ゴテを代用すればよろしい。パーティーのときにはぜひひとつ。

☞積みすぎないように

あれは高校1年か2年の夏休みだった。3週間の昆虫採集の大旅行を計画したときのことをよく憶えている。虫屋友達と2人で、当時ミドリシジミの新種が発見された中国山脈の高原に遠征にいって、その帰りに北アルプスをついでだから縦走して帰ってこようという欲ばったプランだった。「お金がないしさ、やっぱりこれはキャンプだねヨシオ君！」ということになって、生まれてはじめてのバックパッキングの旅をすることになった。旅の準備期間は2ヶ月あった。ぼくたちは毎日毎日密談し、道具を集めはじめた。密談が終ると家に帰って、ぼくはザックにありとあらゆる荷物をどうやって詰めこむかを毎日考えた。毎日毎日荷を出したり入れたり出したりまた入れたり……。もちろんチェックリストを作ったと思う。それでも「もしも山の中で、マッチをみんな濡らしちゃったらどうしよう」なんて考えれば、あれもこれも持っていきたくなって、荷物は日ごとに増えていくのだった。

そして、出発の日はついに訪れた。ぼくたちは東京駅から広島行きの夜行列車に意気揚々と乗りこんだ。という風にはならなかった。出発のその日にぼくたちの旅の計画はほとんど挫折していた。荷が重すぎて、東京駅まで辿りつくのが大仕事だった。それでもぼくたちの旅はつづいた。駅のベンチでキャンプしたり、旅館の裏庭にテントを張らしてもらったり、女中さんの部屋でぐっすり1日中眠らしてもらったり。友達はホームシックに

かかって途中で帰った。ぼくは重いテントとキャンプ道具を友達に持ち帰ってもらって、計画通り北アルプスにむかった。「荷物が重すぎるんだ。軽ければ歩ける」という自信がそのときまでにはついていた。寝袋と食料とナベをひとつとそれから捕虫網と地図だけを持って野宿することにした。「雨が降ったら山小屋の軒先で眠っちゃえばいいや、荷物が重すぎるより辛いことなんかあるもんか」ってぼくは思った。

幸いぼくは、どこへいっても親切な登山者のおかげで、テントの中でぐっすり眠らしてもらったし、おいしい朝ごはんと夜ごはんをご馳走になって5泊6日の縦走旅行は大成功。最後の5円玉1個をポケットに残して、ぼくは家に帰りついたのだった。ヨカッタ、ヨカッタ。

「バックパッキングとは、何を持っていかないか……という策術のことである」という男爵のお教えを忘れちゃいけない。大きな荷を背負うことに慣れていない初心者であればあるほど、より軽くあったほうがいいのに、実際はいつも逆になる。バックパッキングのほんとうのエキスパートというのは、いつも無駄なものを全然持っていない。

慣らし運転が絶対に必要。突然、"南アルプス全山完全縦走"なんていう野望をいだいちゃいけない。あの旅でぼくが出会うことのできた人たちのように、今でもみんながみんな初めての旅人にとても親切だとは限らない。

最初は、1泊だけの旅にでよう。それも第1回

スタッフバッグによる荷物の分類をすることがパッキングの秘訣。そしてそれぞれのバッグのパッキング場所を決めておく。一度決めたらやたらと変更しない。どうしても不都合があるときには、中央決議集会を開くくらいの気持で新しい議案を採決する。写真の左からぼくのコック、事務所、それから行動食と嗜好品の入ったカフェ。

目は、目的のキャンプサイトへは半日以内で辿りつけるような計画を立てよう。そうすりゃ、1日かければ、なんとか辿りつけるだろう。1回の1泊旅行は、頭のなかでだけ30日間考えつづけたり本を読むより大切なことを教えてくれる。頭はいつも「何を持っていけばいい?」と考えてしまう。「何を持っていかないか?」と考えるよりもその方が簡単なのだ。重すぎる荷物を背負って、夏の炎天下の草いきれのアプローチをノロノロ地をはうように歩いてみなければ、やっぱり積みすぎたがるのだ。「夜もあれこれ楽しくやろう」なんてのはとんでもない野望で「夜はひたすら疲れて眠るだけだ」ってことがてんで実感できないのだ。そして一日歩いた後では、ただじっとしているだけで十分に幸福で楽しい気分になれるってこともわからない。自然のなかでは暇をもてあましちゃうなんてことはおこらない。一日ちゃんと歩いた後なら、見晴らしのいい山の上にのぼって景色を眺めているだけで、退屈なんかしない。インスタント・ラーメンにサンフラワーの種を浮かべて、足りない分はフランスパンをかじって、最後に紅茶を一杯飲むことが、どんなに豪華なディナーのメニューか、ってことが実感できない。

さて、パッキングのコツを。

大小のスタッフバッグを用意しよう。そして、それぞれのバッグに名前をつけてやろう。ぼくの場合こうだ。レストラン、カフェ、事務所、コック、箪笥1、箪笥2、金庫etc。レストランは、第1食料倉庫のことでカフェは行動食の倉庫。事務所は下の写真のことで、マッチ、ファーストエイド・キット、フラッシュライト、キャンドル・ランタンとキャンドル、予備のバッテリー、スイス・アーミー・ナイフ、ノートとボールペン、ナイロンのリペア・シート、縫い糸、それから防水マッチボックスに余備のマッチと縫い針と余備の電球が入っている。箪笥1はシャツなどのコスチューム。箪笥2は替えの下着や靴下。金庫は免許証と地図と磁石とお金と、それから秘密の何か。

そのスタッフバッグに何を入れておくかきめてしまうのだ。全く同じ色の同じスタッフバッグを持つべきではない。大きさ、色、素材を全部違うものにして、好きな女の子の名前をつけたりするのだ。自分なりの分類をして、分類が終わったらできるだけ入れ替えたりしないようにすることだ。

このスタッフバッグは家でもそのままの状態で収納する。そして出かけるときに中味を点検して、足りない物、無くなっている物があれば補給し、いらないものがあればおいていく。

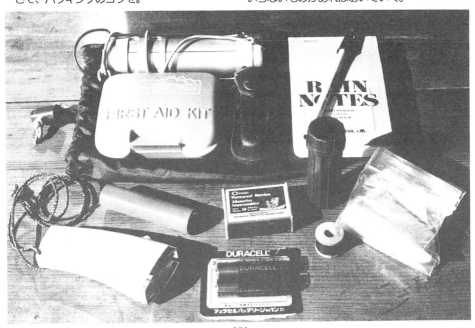

☜ウォーキング・ハイ

　山登りで〝バテル〟という状態は、肉体が疲れて動けなくなるのではないらしい。心が体に「もうやめようよ、もうバテタよ！」って自己暗示をかけるのだ。するとバテテもう動けなくなる。ところがそういう人に「これはすごくよく効くビタミン剤だよ。粉末にしてあるから飲めばすぐ効くからね」っていって、お医者さんが粉末ジュースの粉を飲ませれば、その人はたちまち元気をとりもどして歩きはじめる。あるいは、ほんの少しの荷（2～3キロ）を軽くしてやるだけで、「軽くなったから今度はだいじょうぶだぞ」とばかりに、その後は元気になったりする。どんなにバテテる人でもUFOが来れば飛び上る。そうじゃないときはヤバイ。その人には本当の静養が必要だ。

　ウォーキングのエキスパートがバテないのは、自分の体を知っているからだ。彼は時たま、〝歩くのがイヤになる〟だけだ。バテたりはしない。結局は同じことかもしれないんだけど……。

　ぼくたちの体は、ふだんぼくたちが思っているより、はるかに複雑にデリケートに、そして感動的にできている。ぼくたちは、体と心はとりあえず別のもんだと思っている。ところがそうじゃない。ガンバレば、不思議といつもガンバッタだけのことができるじゃないか。ガンバリすぎやド根性というのは無理のしすぎでよくないと思うけど。

　〝ランニング・ハイ〟というアメリカ語を知ってました？　アメリカのランニング・ブームのなかから生まれてきた言葉。ランニング（ジョギング）を始めて30～40分すると、調子がでてきてランニングそのものを楽しめるようになる。今まで走ることが苦痛だったのに、急にそうじゃなくなってハイ（High）な気分になって元気がでる。ハイというのは一種のユーフォリア（陶酔状態）のことをいうのだが、走るのが好きなランナーはこのことをよく知っていて、自分でランニング・ハイの状態を作りだすことができる。「どうしてそうなるのか？」一所懸命考え研究した学者がいる。最近その秘密が解った。彼らの研究によれば「大脳の命令により脳内にエンド・フィンという物質がより活発に分泌される」らしい。エンド・フィンという物質は、ユーフォリアをともなう一種のペインキラー（痛み止め、麻薬）と同じ働きをしてランナーの苦痛をやわらげ、ハイな状態にする。ドープ（薬）なしで自然にハイな気分になることをナチュラル・ハイというが、「ランニングはナチュラル・ハイの近道。金もかからないし健康や美容にもいいし！」ってわけで今もブームはつづいている。日本でも。

　この話はすごくおもしろい、と思う。だったらぼくはウォーキング・ハイというのもあると思う。「苦しい歩行を2～3時間も持続した後では、身体に推進力がついてきて、その余力で突然みちがえるようにすごい勢いで歩けるようになる」って男爵がいうのもそういうことなのだ。

　確かにそうなのだ。あんまり重すぎる荷を背負っているときには難しいけど、山に入って2日も

192

たてば、体が歩くことに慣れてきて、「ぼくはスーパーマンかもしれない！」ってな気分になるほどスタスタピョンピョンきつい登りもなんのその、カモシカのように軽やかに歩きつづけることができるようになる。そしてその時、ウォーキングを心からエンジョイしている自分に気付くだろう。

ウォーカーの歩行の１日のサイクルはこうである。朝歩きはじめたときには、少しつらいと感じるかもしれない。しかし軽くガンバッテ２〜３度休憩をとったころ、体もウォーミング・アップがすんで調子がでてきて元気になるだろう。あなたは鼻歌をくちずさみながら忍者みたいに進むことができる。苦しい登りがつづいても、ちょっと下りや平担な道があれば、すぐに呼吸をとりもどして、そのまままた登りつづけることができるだろう。あなたは今や、野や山を駆けるカモシカだ。疲れを知らない忍者だ。

しかし、そんなときには「オサエテ、オサエテ……」。調子に乗りすぎちゃいけない。やっぱり１時間に１度は５分は休んで、無理しないようにしよう。すごく調子がでてきて、お腹が空いてくるだろう。そしたら昼食にする合図だ。12時から１時までがランチタイムだとは限らない。6時に歩き始めたのなら、10時に昼食をとってもいい。むしろそうすべきかもしれない。昼食は栄養価の高いものを腹いっぱいに食べるべきだ。夕食よりも豪華であっていい。夕方まであなたは歩きつづけるのだから。

１時間ぐらいかけて、のんびり食べたり喋ったり景色をみたり、またクチャクチャ口を動かして寛ごう。それからまた歩きはじめよう。最初の１

時間は、朝と同じでちょっと調子がでないかもしれない。でも朝よりも早くすぐに調子がでてくる。それ行けスマート、走れメロス、ぼくは奇蹟のウォーカーだ。１日のスケジュールを消化するんだ。

そして、「少し疲れてきたなあーやっぱり」って感じるころ太陽も傾きはじめて、キャンプサイトまではもう一息。ヨッコラショッとキャンプサイトにたどりついてヤレヤレ。テントを張って、外が明るいうちに夕食の支度をして、山の上から落日を眺めながら、悠々とジフィーズのご自かやくと一日の終りをかみしめて「神様今日も１日ありがとう」ってな気分を楽しもう。

それから後かたづけをして、明日の用意もして、寝袋にもぐりこむ。山の上の夜は、夏だというのにやっぱり肌寒くて、少しずつ暖まっていく寝袋の分だけあなたも眠くなってきて、ムニャムニャおやすみなさい……いつか眠りの海へ。朝日がテントを明るくするまで、ぐっすりおやすみ。

自分の１日のウォーキングのリズム、ウォーキングのペースというものを自分のものにしよう。歩くことは試練を意味するのではない。歩くことは幸福であるべきだ。日本の山歩きは、登ったり降りたりけっこうハードなフィールドが多いけど、自分の１日の歩行のメカニズムをつかんで、ウォーキング・ハイを楽しもう。そして歩いた後の、歩きつづけたものでなければわからない、いい気分を心ゆくまでエンジョイしよう。

ウォーキングはランニングやヨガなんかよりは、ずっとずっと自然で奥が深いものなんじゃないだろうか。１日を歩き終って、大きな夕陽が沈んでいくのを眺めればいつもそう思う。

●国土地理院
1：25000
日本の地形図一覧

国土地理院発行の地形図には、5万分の1と2万5千分の1がある。ほかにもっと縮尺率の大きい20万分の1の地図があるが、これは地勢図とよばれている。5万分の1の地形図は、2万5千分の1の地形図の4葉分にあたり、20万分の1の地勢図は16葉分の5万分の1の地形図に相当する。2万5千分の1の地形図が、一番詳細なウォーカーのための地図。

この一覧表の太字は、20万分の1の地勢図を示す。

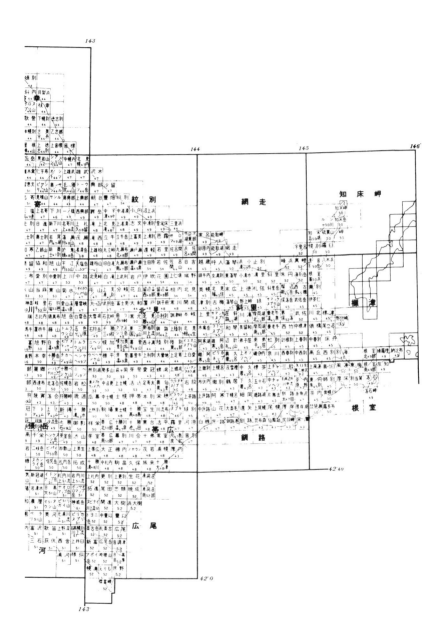

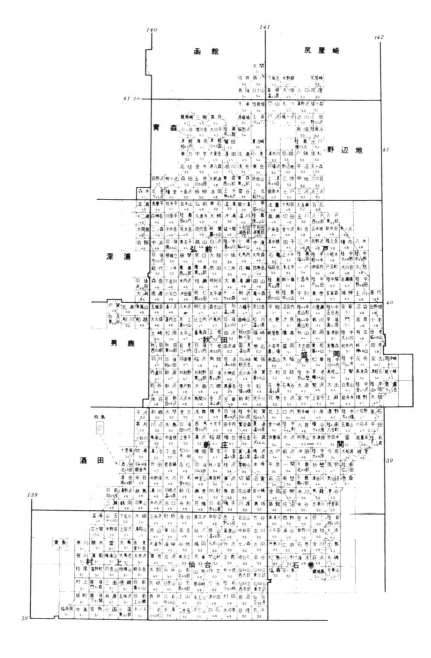

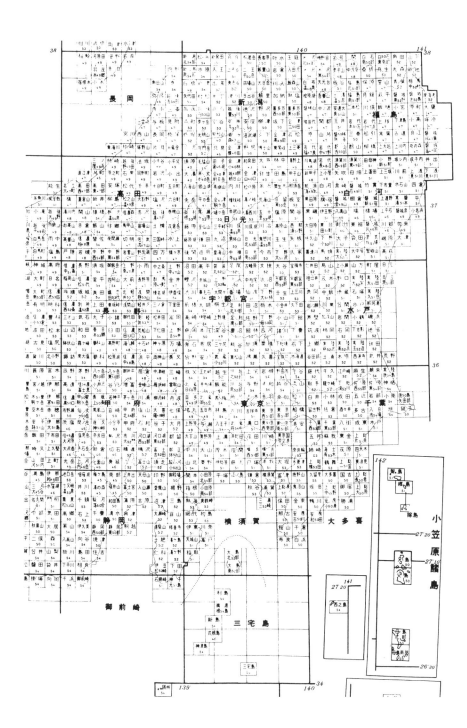

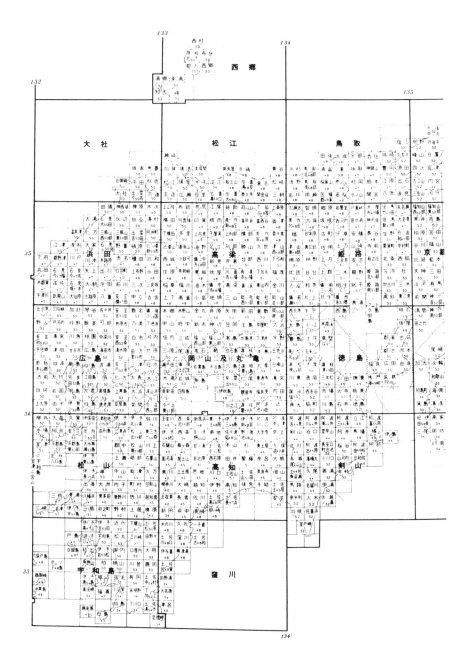

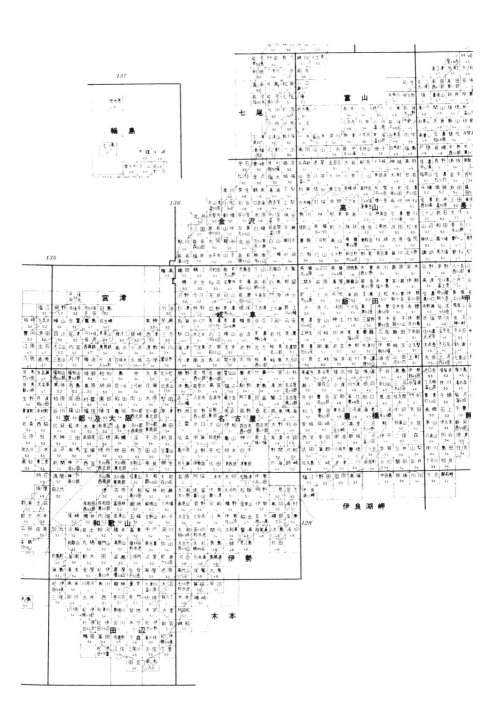

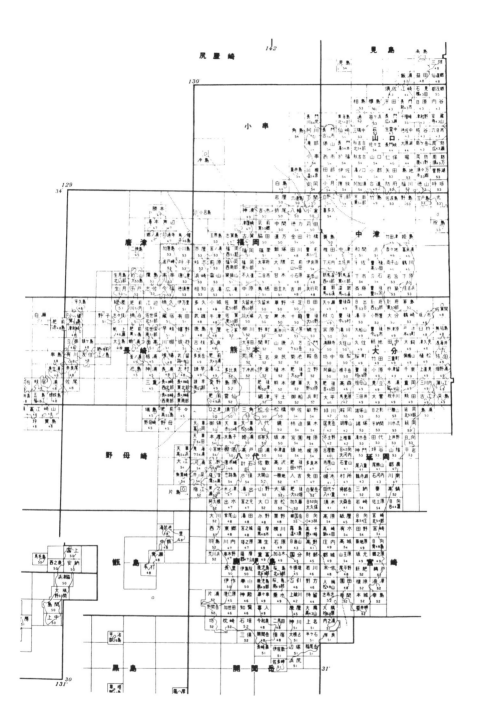

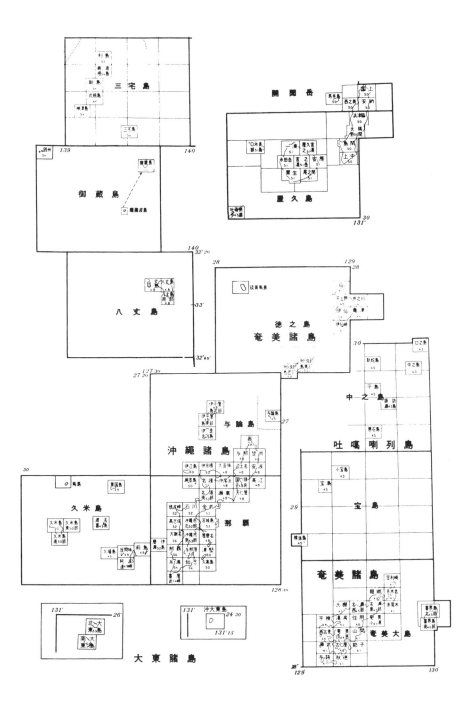

☞ウォーカーの四季と白い共和国

「日本の自然はスケールが小さくて箱庭みたいだから、バックパッキングがほんとうには楽しめない……」なんてことは言わせない。そりゃあ、日本はこの100年の間に文明国の仲間入りをして、しかも得意になって近代化とやらをおし進めたから日本の大地は確かに今、すごく傷みを感じている。（100年前のこの国は、世界でいちばん美しい緑したたる麗しの弧状列島だった。100年前の東京は、世界一美しい森と水の都だった。）しかし今でも人気のないフィールドはいくらでもある。みんな教科書通りの山歩きをしすぎるんだよ。しかも夏にだけドッとみんなで有名なフィールドに繰り出すでしょ。北アルプスとか南アルプスとか八ヶ岳なんていう名高いところに。峠まで車が通ったりロープウェイがかかっていたり、便利なところへ殺到しすぎるよ。

日本の地図帖を買ってきて、北海道から沖縄までていねいに地図を読もう。自分の国の自然、風土をもっとよく知ろう。沖縄のハブが住んでない島なんていうのも冬の季節の楽しいフィールド。太平洋の荒海を見下す崖の上の芝草の台地にテントを張って、そこを基地にして南の島の自然を歩くなんて素敵なバックパッキング。北海道には限りないトレールがあるはず（この広大な北の島では男爵の熊の話がきっと役に立つ）。

ぼくは毎週かならず一度は、街外れの多摩川の河川敷をトレッキングしている。大きな川の河川敷は自然がちゃんと残っている緑のベルト。4月と5月にはよくちょっと一泊してくる。季節をほんのちょっとかえてやるだけで、そこいらじゅうが新しいフィールドになるってことをみんな忘れている。日本も捨てたもんじゃありませんぜ。こんなに手軽に身近かな自然が歩ける文明国なんて、世界中探したってそうはないはず。あなたが住んでる街のそばだって、秋と冬と春にはけっこう楽しめるいい自然が残っているはず。季節をちょっとずらしてやるだけで、夏には熱帯のジャングルみたいな蚊だらけのジメジメした自然だって、味わい深い気分のいい大地になる。ぼくたちは、季節を巡って、この国の自然を歩くバックパッカーになろう。そうすりゃ、この弧状列島がいかに奥の深いバックパッキングのパラダイスかってことがわかってくる。あなたが今いくら若くても、死ぬまでには歩きたい山を、とても全部は歩けないだろうよ……この国にはそれほどごってりいろんな山があるのさ（特にアメリカのバックパッキン

202

グの話ばっかりしたがる人の言うことには気を付けろ。そういう人はだいたい日本の自然を歩いちゃいない。日本の山と渓谷のよさをわかっちゃいない。シェリダンもその一人だけど、アメリカには何人かいい友達がいる。そしてアメリカの自然ももっと歩きたい、釣りたい。でもときどきで十分、金も暇もないし。この国のなかだけでも二回死んでも歩ききれないほど、でかけていきたいところがある)。

さて、季節を巡るバックパッカーの旅のクライマックスは冬。ぼくの考えでは冬になると、文明は20〜30年昔におしもどされる。深い雪に埋まる山脈なら大昔のままになる。雪は冷たい白い手で人間の文明をグーッと昔におしもどしてくれる。人間は夏になると高山にまでその文明を運び上げることができるようになったが、冬にはまた退却させられる。夏にはやたらと元気に大勢でウィルダネスにおしよせるけど、秋になるとほとんどの人が街に引き上げてしまう。そして冬は、どこへ行っても無人の荒野になる。

ぼくの友達は山に雪が来ないと元気がない。夏は人並みにテニスなんかでゴマカシテいる。しかしこの人は冬になるとすごいよ。スキーはいてテントをかついで日本中の山を歩き回ってる。彼には幾分サディスティックなところがある。でもバックパッキングのエキスパートの舞台は雪の世界だってことは今や常識になりつつある。冬には太古からの自然が今もなお広がっている。

人気のない雪の森や山や高原をトレッキングするのはいい。雪をサクサクと踏んで静まりかえった森のなかを歩くのは、まるで白い魔法の国を旅している気分だ。そして雪は、大地のすべてをおおいかくし、平らにして、そこいらじゅうをいいキャンプサイトにかえてくれる。ストーブの燃料がたっぷりあれば水の心配もいらない。

雪におおわれた自然は、そこいらじゅうがバックパッカーのパラダイス。雪のフィールドはぼくたちの共和国だ。ゲレンデのスキヤーが、いつまでもリフトにへばりついていてくれることを祈ろうじゃないか。雪のフィールドは、どんな政治も金儲けもファッション屋さんもその力がおよばないぼくたちだけの白い自由の大地だ。バンザイ！

この白い広大な共和国の奥深くへは、経験を積み選ばれた者だけが旅をすることができる。実際冬には、片道4日もかけてもたどりつけない場所がいくらでもある。「日本の自然は物足りないなあー」なんて感じている人は、どうですか？　厳冬期南アルプス全山単独縦走なんてのは。生きて帰れたらぜひ話をきかせて下さい。

でも、大丈夫。白い共和国と文明の国境あたりを最初はブラブラしてればいい。すぐに逃げ帰れるし、2〜3年は十分満足していられますよ。

☞冬のレイヤード

白い共和国と文明圏の国境あたりをトレッキングするんなら、特別なコスチュームはいらない。歩いているときには雪のなかでもすぐに汗をかく。深い雪の登りならシャツ一枚になりたくなるだろう。しかし、休んだりじっとしているとたちまち汗は凍り始めてブルブルしてくる。冬のトレッキングは熱帯と北極をいったりきたりすることになる。暖かい季節よりもレイヤードに気をつかおう。

〈下着〉

やっぱりウールの長ソデの下着がいいかもしれない。汗をかいても冷たくないのがありがたい。行動中にウールのモモシキ（ロングジョン）はオーバーかもしれない。でも夜眠るときや、風に吹かれたときのためにあったほうがいい。ウールのサルマタなんてのもあるけど、共和国の奥地まで行くんじゃなければいらないんじゃない。

〈シャツ〉

だんぜん暖かいウールのシャツだ。ウールの下着の上にこのシャツを着れば行動中なら寒くないはず。風があったり吹雪になればそうはいかないだろうけど。コットンは冬はダメ。

〈ズボン〉

厚手のウールのズボンが必要だね。モモシキの上にはくことを考えて少しダボダボぐらいのものがちょうどいいんじゃない。コットンは濡れるとバリバリに凍りついて冬はダメよね。

〈ソックス〉

薄手のウールの上にもう一枚厚手のやつを重ね

たほうがいいみたい。冬のトレッキングで冷えてこまるのが足。上等なウールの靴下を多めに持っていこう。汗と脂で汚れたソックスは保温力が急激におちる。ソックスには十分気をくばろう。

〈スェーター〉

厚手のウールのスェーターは冬のトレッキングの必携品（ぼくはそう信じている）。ウールは一種の毛皮（ファー）なのだ。文字通り、ウールは羊毛なのである。濡れても保温力があるのは、ウールの特長。濡れた上等のダウンジャケットよりも濡れたウールのスェーターのほうがずっと暖かい。たとえ濡れて表面が凍りついてさえウールのスェ

ーターは暖かい。ダウンベストよりも、もちろん
長ソデのスェーターのほうがずっと暖かい。

ウールのスェーターは、80％以上ニューウール
の製品で、しかも脱脂していない、いわゆるオイ
ルド・スェーターがいい。イギリス製やノルウェ
ーやスェーデンの製品にいいものがある。上等の
ニューウールのスェーターは高級品。2万円ぐら
いするかもしれない。しかしこの昔からある羊毛
をつむいだ毛糸のスェーターは、寒い季節にはな
くてはならないガーメント。上等なスェーターが
ありさえすれば、ことさらにダウンジャケットは
いらないことが多い。

〈ウィンドブレーカー〉

ぼくは冬には前にも紹介した〝ウールドライン
のマウンテンパーカ〟（前ページのイラストの奴）
を愛用している。スェーターの上にこれをはおれ
ばダウンジャケットはいらない。ウール地の裏打
ちのないパーカでもナイロンのいわゆるヤッケで
もいい。ブルオーバー（かぶって着るもの）のナ
イロンのウインドブレーカーを買うときには、布
地がダブルのものを選んだほうがずっとずっと保
温性がいい。シェルとシェルの間に少しは空気を
貯えることができる。

〈オーバーズボン〉

風が吹いたり、雪が深いときにはぜひ欲しい。
ナイロン地のダブルの製品がいい。雪がつかない
し、ウールのズボンの上にはけば相当に暖かい。
ダウンや化繊のフィルをキルティングしたオーバ
ーズボンもあるが、これはウオーキングのときに
はオーバーだ （極寒の地以外では）。

〈スバッツ〉

膝下まであるロング・スバッツが欲しいね。足
首から雪が靴の中に入りこむから、これはスノー
・トレッキングの必需品。やっぱりナイロンのダ
ブルの製品がいい。最近はゴアテックスのスバッ
ツが出回っているけど、これは効果があるね。防
水性で通気性があるスバッツというのは心強い。
ジッパーがついてて、靴をはいたまま着脱できる
製品が使いやすい。

〈ウオッチキャップ〉

ウールのウオッチキャップかバラクラバをぜひ。
風が吹いたり寒くなったときには耳をおおえるも
のでなくちゃいけない。耳はすぐに凍傷にかかっ
て、そのまま無理をすればポロッと耳がとれちゃ
うよ（これは本当の話）。

〈マフラー〉

体温の50％以上は、頭と顔とそれから首から逃
げていく。マフラーというウールのエリ巻きのす
ぐれた効用をぼくは声を大にして叫ぶぞ。

マフラーはシンプルなただの長方形の布だが、
これは素晴らしい体温調整装置。歩行中はポケッ
トに入れておいて、休むときに首すじにグルと巻
いてやれば、それだけで衣類を一枚余計に着たぐ
らい暖かい（無防備な首すじからは50％に近い体
温が放散されている）。

ぼくのマフラーは巾9センチで長さが120セン
チの手作り。草木染めの手つむぎ手織りの芸術品。
細いウールの糸を密に織ったものですごく暖かい。
市販の製品は巾が無駄に広くてゴチャゴチャうる
さいので巾を細くした。この巾は、〝マフラー普
及委員会会長〟であるこのぼくの研究の大成果。

かあさんが夜なべをして、スェーターを編ん
でくれた。木枯し吹けば寒かろうと、せっせ
と編んだだよ。馬鹿息子が山で死んだら金か
かるし人にも迷惑かけるから、ノルウェーの
高い毛糸を泣く泣く買って、月曜名画劇場を
見ながら編んでくれただよ。

●スノー・キャンプの生活術

雪の上でキャンプするほど真剣で、慎ましやかで、そしておもしろくおかしいものはない。スノー・キャンプはいかにも寒そうなので、暖かい季節のそれのようには楽しそうじゃないと感じるかもしれない。しかし一度でも白い雪の上にソフトハウスを建てて、そこで生活して眠ってみて白い共和国の住人になってみれば、あなたは必ずまたこの国に帰ってくる。

スノー・キャンプは、ファンタスティックでビューティフルでピースフルな、この世のものとは思えない不思議の世界。最初は、どうしても尻ごみしたい気分になるかもしれないけど、寒さにたいする準備さえしていけば、それほどでもないことがすぐにわかってくる。実際、雪のなかのキャンプというのは人が思っているよりもずっと暖かいものなのだ。

とにかく一度、体験してみることだ。近郊の低山だって雪が積もれば、そこは美しい共和国宣言をする。最初はあんまり奥地まで迷いこまないこと。一晩で50センチもの雪が降ることも珍しくないのだから、そうすれば10キロの道のりを帰ってくるのに2日以上かかることだってある。春になってもまだ帰ってこない人もいることを忘れないように。

〈雪から水を作る方法〉

沢水が凍らずに流れているキャンプサイトなら苦労はない。しかし雪の季節の沢すじは雪が吹きだまる場所だし、雪崩の巣窟。春まであなたをずっと仲間にしておこうと恐ろしい罠を仕掛けて待っているかもしれない。実際のスノーキャンプは、沢水がくめないことが多い。

雪から水を作るのは意外と大変。ちょっとしたコツを心得ていないと燃料がいくらあっても足りなくなる。粉雪をいくらナベに入れてヒートしてもなかなか水になってくれない。水を作るコツは、最初に少量の湯を作って、少しずつ雪を足して水の量を増やしていくこと。いっぺんに大量の雪をつめてもなかなか溶けない。テント内でクッキングをするときのいい方法を紹介しよう。

大きめのビニール袋を二重にして持っていく（水がもらないように）。よく踏みかためた雪をブロック状にして袋に入れてテントのなかに置く。室温で密度が増し溶けかけた雪はすぐに水になってくれる。重くなった雪のかたまりをポイッとナベに放りこめば、ほぼ同じ容量の水になる。それにこうしておけば、いちいち雪をすくうためにテントのドアをあけて吹雪をあなたのシェルターに招き入れないですむ。

〈秘密兵器二題〉

スノーキャンプをするときに、ぜひ持っていったほうがいいのが、一枚のベニア板と小さな軽い木のコースター。雪の上でストーブをたくときには、ストーブの熱で床がへこんでき

てしまって手に負えない。またベニア板が断熱板の役割もはたしてくれるので、ストーブの燃えもいい。ナベ類を置くテーブルのかわりもする。

ベニア板は、自分のバックの背の大きさにカットして運ぶ。30×40センチあればグレートな調理台になるだろう。コースターはいいナベ敷きになるし裏側の平らな面は小さなマナ板。ぼくは一年中、このベニア板とコースターを持ち歩いている。

〈ブーティーをどうぞ〉

ダウンや化繊のフィルを詰めた象の足みたいな室内ばきがあると、足がすごく暖かい。足があたたかければ、人間は寒さをあんまり感じないですむ。テントのなかでストーブをたけば、室温はたちまち20℃を越えるだろう。ただし天井に近い部分だけ。ナイロンの底のむこうは雪原なのだ。床はどんなにストーブをたいても北極のまま。ブーティは、スノーキャンプの強い相棒だ。もちろん夜眠るときにはいていれば、足元がホカホカしてぐっすり眠れる。安物のあなたの寝袋だってブーティがあれば1ランク、グレードアップする。それでも寒くて眠れないようなら、例によって湯タンポ作戦はいかがかな。

〈シュラフカバーをどうぞ〉

シュラフカバーをあなたの寝袋にかけてやればグレードが1ランクはあがる。ブーティと併用すれば2ランク、湯タンポを加えれば3ランクだ。

シュラフカバーは大切なあなたの旅の繭を濡らさないためにもあったほうがいい。スノーキャンプのテントの床は、どうしてもとけた雪で濡れがちになる。でも完全防水のシュラフカバーはやめたほうがいい。通気性がないので汗が寝袋にたま

って結局濡れてしまう。防水性でなおかつ通気性のあるゴアテックスのシュラフカバーがいいんだが。

〈クックホール〉

下の絵のようなジッパー式のクックホールがあなたのテントにもあるといいんだが。この上にベニア板を敷いて料理すれば何かと安心。オッチョコチョイの友達がナベをひっくりかえしても、ダメージは最小におさえられる。クックホールの穴は〝外〟なのだから。またクックホールは、床の雪を掃きだすいい穴。独りのキャンプで吹雪の夜にオシッコがしたくなったときにもね。

〈家の換気〉

スノーキャンプの夜は、どうしても室内でストーブをたくことになる。テントのなかの換気には十分以上に気をつかわなくちゃいけない。体やバックについた雪も蒸気になってテント内にたまるし、防水性のテントの床は温度差が大きいので結露がはげしい。ストーブをたくときにはベンチレーターを必ずあけて、換気をよくして、湿気もおいだしてやろう。ガソリン・ストーブの排気ガスは特に人体に有害ですぞ。

☞1点豪華主義反対!

冬のウォーキングは、あれこれ冬用の道具やコスチュームが必要で、「外気-20°にも下がって、風が吹いたら寒いだろうな……」なんて思えば全く財布はすっからかんになる。「人よりも暖かくしてやろう」と思えば人は金を使いたがる。夏はその点民主的でうれしい季節。ましてや国産、ヨーロッパ製、アメリカ製をとりまぜて目も眩むような新製品が秋の終りに、登山用品店に所せましと飾られれば、「金持ちはやっぱり幸福かな」なんてバカな気持ちについなりやすい。

しかしながらご安心あれ、バックパッキングはフェアで真にリベラルな遊び。階級や階層のないデモクラティックなご趣味。いくら金があってヘビーデューティで暖かい寝袋を買い込めても、山へは担いじゃいけないのですよ(ざまあみやがれ、カタログ野郎のレーベル至上主義者。20万円の寝袋と5万円のダウンジャケットだけで、きみのパックは満杯になるのさ)。少ないものをあれこれ組み合わせて、いかに創造的にやるかってことがバックパッキングのルール。そして、そうじゃなくても夏より二倍も荷物が多くなってしまう冬のトレッキングは、まさに独創的なあなたの創意工夫がものをいう場。冬のウィルダネス共和国のイミグレーションは、お金を見せても通らしてくれませんぞ。

60/40のヘビーデューティなカッコいいダウンジャケットは役に立たないだろう。重くてカサ張ってパッキングできない。ナイロンのシェルのシンプルな奴がぼくたちのチョイス。ポケットなんかも胸に大きなのがひとつついているだけの製品が真に実用的。実際、ダウンジャケットを着てキーンとする雪稜のブリザードのなかをほとんど地に這って行進するようなときには、ジャケットのすそはオーバーズボンのなかに入れるのだ。そうしなければ、暖かくないのですよ。すそのすき間からどんどん体温が逃げていくから。街でよくみ

これで冬のレイヤードということの生き証人。時ならぬ冬の雨こそが真に恐ろしいのだから、ゴアテックスのシェルは心強い。東京は四谷のチョゴリザの注文生産で¥45,000。
☎03—341—7654

208

かける腰のカッコいいポケットやハンドウォーマーなんてのはあるだけ無駄というもんだ。

ダウンスエーターとかダウンシャツというのがある。これはウィンド・ブレーカーの内側に着るもので、軽くて暖かい。マウンテンパーカと併用すれば、ヘビーデューティなダウンジャケットと同じ効用がある。テントのなかでは、軽くて暖かいスエーターやシャツとして着れる。

ポリエステルのホロフィルⅡやシンサレートのフィルが詰まったインシュレイテッド・ジャケットもあなたの味方。ダウンジャケットよりも同じ暖かさならカサは大きくなるけど値段はずっと安い。そして日本の湿った雪にはダウンジャケットよりも有効。濡れに強いポリエステルのフィルの防寒着は、世界中でも珍しい湿った雪が吹きつけるこの国の雪山にはぴったりかもしれない。ダウンジャケットは、上越や裏日本のドカ雪のなかを１日歩けば、濡れ雑巾みたいになっちゃう。そしてダウンは濡れると、断熱効果は急激に低下する。

要するに、防寒ジャケットは１点豪華主義というのはよくない。あくまでもレイヤードとして考えたほうがいい。そして左のページの写真みたいなジャケットが作りだされた（敵ながらさすが、こういうの見せられると、なんだかんだと説教の多いこの著者の建て前はすぐにグラグラする。汗ばむ手に１万円札握りしめて走って買いにいきたくなる）。

これはですねあなた、冬のレイヤードということの標本みたいなジャケットなのであります。その名もワイルド・パーカと申す。パーカのシェル（表地）はコーデュラのゴアテックス。それにジ

ッパーで着脱できるグースダウンのインナーがデザインされてる。つまりこのパーカはですよ、吹きすさぶ吹雪のときには、体温で溶けたシェルの水を通さない完璧に近いダウンパーカとして使える。インナーを外せばレイン・パーカや軽いウィンドブレーカーとして使える。逆にインナーだけを着れば、着心地のいい軽いダウン・スエーターになるという代物なんだぞ（インナー・ジャケットの体側のシェルは、ごく薄いコットン地を使っていて肌ざわりがいい）。エリの中にフードが隠されている。

このワイルド・パーカはよく考えられている。縫製や全体の作りもしっかりしていて作り手の良心を感じさせる。１着あればオールシーズンに使えるから値段も不当なもんじゃないと思う。

でも、今あなたがゴアテックスのパーカを持っているんならそんなに驚くことはない。さっきも書いたダウンのスエーターを買ってくれば全く同じことじゃないか。こういうことのために何度も言っているんじゃないか、「パーカは大きめのものを買いなさい」って。

ウールのスエーターの上にダウンのスエーターを着て、その上にウィンド・ブレーカーとしてのパーカを着れば、これ以上のレイヤードはない。日本の寒さならまずは平気だ。

ぼくはウールのスエーター党だから、ウールのスエーターとダウンベストとマウンテンパーカを持っていくことにしている。全部着てまだ寒いようなら、体の調子が変なんだと思うようにしている。そんなときは、テントを張って暖かいものを食べるのだ。

☞雪原のトレッキングのために

重い所帯道具を背負って、深雪をラッセルして進むのはものすごい重労働。特に上越国境みたいに湿って暖かい雪質の地方を旅するときには、スキーかスノーシューズがいる。山スキーやクロスカントリー・スキーの話は、また今度ゆっくりと新しい本を読んでもらうとして、スノーシューズというものを紹介しておこう。

スノーシューズっていうのは、文字通り"雪靴"っていうこと。日本でも雪国では昔から重要な生活の道具だった"輪カンジキ"というのがある。輪カン（登山者はこう呼ぶ）にもその地方地方の雪質や地形によっていろんなデザインがある。次ページの写真の輪カンは上越のもの、登山用に使われるのはだいたいこんなデザインのものだ。山岳地の深雪をラッセルしながら、登ったり下りたりするためには、日本のこのトラディッショナルな小さなスノーシューズが威力を発揮する。足もとが小さいので、急な深雪の登りのときなどでも危険が少ない。輪カンは小回りのきく、機動性に富んだスノーシューズ。日本の雪山登山には、やっぱり日本のスノーシューズだね。ただし、小さいので雪に対する浮力はあんまりない。でも、あるとないではまるで違う。

雪山登山ということではなくて、雪原をブラブラとトレッキングして週末をスノーキャンプで楽しもうというなら、外国からやってきたスノーシューズがおもしろい。

アメリカやカナダからやってきたスノーシュー

まだ若くて貧乏なあなたのために、こんな板のスノーシューズを紹介する。絵のように横木を2本わたして板の幅をつくる。この横木のあるほうが裏側で、これはスベリ止めの役割もする。ツマ先をつっこむ輪を打ちつけて、ヒモか古タイヤを輪切りにしたビンディングをとりつけてでき上り。50×25センチぐらいのサイズがいいだろう。軽量化とスベリ止めのためにドリルで穴をあけよう。

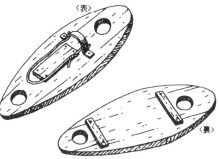

〈表〉

〈裏〉

ズはものすごく大きいのが特長。いちばん長いデザインの平原用の〝クロスカンリー〟と呼ばれるものは140センチもある。ということで、巨大な輪カンジキであるスノーシューズの威力はすごい。どんな深雪でもこれさえあれば、カモシカみたいにスイスイ自由に歩き回れる。スノーシューズのビンディング（締め具）はクロスカントリー・スキーのそれのように踵が固定されていないので平地ならすべるように歩ける。雪のない道よりもかえって素早く歩けるぐらいだ。

スノーシューズにはいろんなデザインのものがある。しかしデザインの基本は2種類。スキーのように長いのは平地の雪原用で、ずんぐり丸いのは少々の斜面なら登り下りできる山地用ということだ。最近はいろんなデザインの製品が輸入されるようになって、スノーシューズをはいたトレッカーもときどきみかけるようになったのは楽しい傾向。冬山登山者やスキーヤーばっかりのために雪の世界はあるんじゃない。スノーシューズは、夏にはヤブが深くて近づけない原野や湿地をのんびりトレッキングするための歩行具。スノーシューズがあれば、雪のフィールドはその広がりと深さをましてあなたを待っている。

日本のスノーシューズである輪カン。外国の登山者のために輸出してあげたいぐらい、山登りには向いてますぞ。

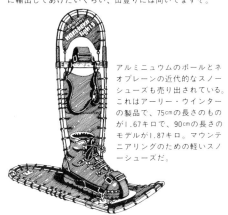

アルミニュウムのポールとネオプレーンの近代的なスノーシューズも売り出されている。これはアーリー・ウインターの製品で、75cmの長さのものが1.67キロで、90cmの長さのモデルが1.87キロ。マウンテニアリングのための軽いスノーシューズだ。

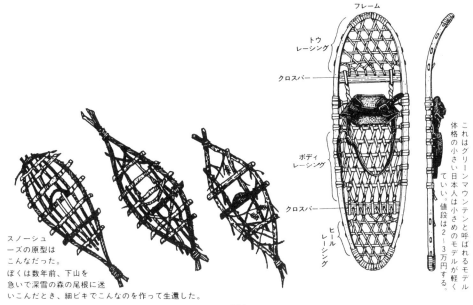

スノーシューズの原型はこんなだった。ぼくは数年前、下山を急いで深雪の森の尾根に迷いこんだとき、細ビキでこんなのを作って生還した。

フレーム
トウ
レーシング
クロスバー
ボディ
レーシング
クロスバー
ヒール
レーシング

これはグリーンマウンテンと呼ばれるモデル
体格の小さい日本人は小さめのモデルが軽く
ていい。値段は2～3万円する。

☞雪山登山

冬山登山は、まぎれもなくアウトドア・スポーツだ。これはアウトドア・アドベンチャーそのものである。幾分なりともマゾヒスティックなこのスポーツは、ウォーキングとかトレッキングという言葉の範疇の外にあるものかもしれない。しかしこの旅は、バックパッキングのひとつのクライマックス。

「白い共和国のメトロポリタンに行ってみたい」と経験を積んだバックパッカーまたはウォーカーが胸を熱くするとしても、何の不思議もない。「ああ玲瓏の雪の高嶺に、ひとり佇み……」そして帰ってくるのはいいことだ。冬山登山は、神々しいまでに美しい世界へのバックパッカーのエクスペディション（遠征）だ。

お正月休みの年末年始は、日本中のウォーカーが雪山に集まる主催者のいない一種のギャザリング。この時期だけは白い共和国へのパスポートが、誰にでも簡単におりる。少なくとも名高い山なら、低山から3000メートル級の山にいたるまで、ほとんどの頂きに雪の道が大勢のウォーカーによって切り拓かれる。寒さへの準備さえおこたらなければ、切り拓かれている雪のトレースをたどっていって山頂にたどりつくことができる。八ヶ岳の登山道なんかは、夏道よりもかえって歩きやすいきれいな雪の道ができて、登るのが楽なくらいだ。そして八ヶ岳連峰のほとんどの山小屋も、冬のこの1週間だけは営業し、お正月登山をより華やいだものにしている。

人の集まる山の年末年始だったら、だいじょうぶ。はじめての人でも、ああ玲瓏の雪の高嶺って帰ってくることができる。自分ひとりきりのロマンチックさはないかもしれないけど、比較的気軽な気分で、でかけていい。

でも、毎年お正月登山ではたくさんの人たちが帰ってこれない。夏ならもっともっとたくさんの人が山に登るのに、毎年きまってあんなに多くの遭難者がでるということはない。一歩踏み迷えば、そこは正真正銘の雪に閉ざされたウィルダネスの奥地なのだ。くれぐれも、今自分が何をしているのか、ということを忘れてしまわないように。無謀な冬山登山を企てる人は、自分の無謀さにいつも気が付いていない。"経験"ということがどうしても必要なんだ、っていう理由はここにある。生まれてはじめてのバックパッキングの旅が、冬山登山だなんて、おおコワ……。

お正月休みの直後から、春山のシーズンを迎える3月の下旬か4月上旬までは、白いウィルダネスはその厳かな野生をむきだしにして、共和国の威厳を確固として主張する。

この季節に白い共和国の奥地を訪れる旅人は、神に祝福されたウォーカーだね。この季節の旅人は、それぞれの道の達人たち。どの季節よりも濃密にウィルダネスの素顔をあらわにしてくれる2月、3月の雪山には、それぞれに太古からの野生が強く息づいている。コキーンと静まりかえって怖いほど神々しい雪山へもいつかはどうぞ。

ピッケル　凍った雪の斜面を歩くためにはピッケルとアイゼンが必要になる。でも、スノー・トレッキングということであれば、いざというときのためにアイゼンを持ち歩いていればいい。ピッケルはアイゼンだけではバランスがとれなくなったときのためのものだ。しかし雪山で、ピッケルは何かと便利な代物だ。いつかアイスクライミングをというならシモンを。

軽アイゼン　これはサレワの#870インステップ・アイゼン。軽アイゼンというのは夏の雪渓や低山の残雪を歩くときに便利な簡易アイゼン。靴の土踏まずの部分にはくが、サレワのこのインステップアイゼンは、幅がアジャスト式になっている。310g。冬の低山でも北側の斜面は溶けた雪が凍りつくことが多いので、冬のハイキングには軽アイゼンを一組持ち歩くようにするといい。

アイゼン（クランポン）　荒れる雪稜（雪の尾根）を歩いたりするなら本格的なアイゼンが必要だ。これはサレワの12本爪のアイゼンで、長さと幅がアジャスト式なのでどんな靴にもよく合う。12本爪（12ポイント）はアイスクライミング用でウォーキングには向かないという人もいるが、アイゼンが本当に必要になる硬い雪なら、クライミング用も縦走用も必要ない。

スノー・スコップ　深雪の山や森へスノー・キャンプを楽しみにいくのなら、アルミニュウムの軽いスノー・スコップをどうぞ。テントを設営するときに雪をならしたり、雪の壁を作って風防にしたり、ひとつあれば何かと楽しい雪遊びが。春山へスコップ持って、雪洞を掘って泊まってくるのも楽しみ。柄は取り外し式になっている。

サーモス・ボトル　冬のトレッキングにはやっぱり欲しいのが魔法ビン。熱い紅茶やコーヒーを入れておけば、ウォーキングの休憩が待ちどおしくなるというものだ。実際雪の森のなかや雪稜で飲む熱い紅茶ほどおいしいものはない。ぼくはカップの取手を切りはずして毛糸のカバーに入れて持ち歩いている。保温をよくしてやるためのボトル・カバーを作ってやろう。

手袋にはゴム輪を　毛糸の手袋やミトンの手首の外側に、ゴム紐で輪を取り付けてやると便利。これはクライマーたちの工夫で、こうしておけばチョット手袋を脱いだときにも、手袋は手首にぶらさがっているから雪だらけになったり紛失したりしないのだ。手袋をはめるときには、もちろんゴムの輪を手首に通してからはめる。手袋の穴やほころびは必ず繕っておくように。

☞秘密の山の上へちょっと一泊

"星の王子様"の舞台はどうして砂漠だったんだろう。この地球の陸地の1／7をしめる最後の手つかずのウィルダネス。人はそれをうち棄てられた地＝デザート（砂漠）と呼ぶ。

しかしデザートには何かがある。ほんとうの太陽の光、星と月と、そしてどこまでもつづく太古からの大地の広がりがある。サンテグジュペリは恋人への手紙のなかに書き残している。「デザートへの愛は、愛そのもののように感じられる」と。

一度だけアリゾナのデザートを旅したことがある。どこよりも早く東の地平に太陽が昇り、どこよりもおそくまで西の地平に夕陽が名残りを惜しむ広大な広大な大地。自然のなにもかもが原初からのあるがままの姿でそこにあり、見晴るかすはるか彼方まで地平線がいつも超無限大まで見えている。そして、砂漠は生きている。そこには山が

あり谷があり、水のない侵食谷の地溝にそって緑がつづいている。

デザート・トレッキングは、アメリカのバックパッカーのもうひとつのエクスペディションのためのフィールド。冬山登山の対極をいくこれはウォーカーの旅のひとつのクライマックス。このページの絵のように、テントはなしで1日の終りを大地の上で眠るとき、旅人は大いなる優しさや愛を感じる。実際デザートは、旅人を宗教的な気分にさせずにはおかないところだ。デザートには、この惑星をつつんでいる原初からの宇宙の優しさや愛がある。

いつかまた、デザートを旅してみたい。デザートのエキスパートでもあるシェリダンと、ソノーラ・デザートをトレッキングするつもりだ。

デザート・トレッキングのメッカであるアリゾ

ナやネバダを旅するなら、4月と5月がいい。この季節はデザートの雨期であり春。赤茶けた大地はこの季節にだけ緑につつまれ、草花やカクタスが咲きみだれる。デザートの春は、地上の天国の広大な広大なひとかけら。

さて、デザート・トレッキングをヒントにすれば、ぼくたちの旅はもっともっと自由気ままで愉快なものになる。「ちょっと山へ一泊」なんていう週末の旅なら、デザート・トレッキングのときのように水を持ち歩くんだよ。そうすればどこか人気（ひと）のない見晴らしのいい山の上でキャンプすることができる。雨の心配がないときなら、平らな岩の上にパッドを敷いて寝袋を広げて、星空のでっかいドームの下で眠るんだ。

水場の近くにキャンプしなくてもいいなら、ぼくたちの旅のフィールドは自由気ままなものになる。最後の水場で水を2リットルくんでいけば、どこでだってちょっと一泊できる。デザート・トレッキングのことを思えば、日本のウォーカーは逆に水場に縛りつけられすぎていることがわかる。水場のないところに他のキャンパーはいない。夕陽がきれいな見晴らしのいい清々するところに、こっそり獣のように一泊してくる旅というのも悪くない。

ぼくは標高2500メートルの岩山の山頂のとある一角に、秘密のキャンプサイトを持っている。キャンプサイトといっても、それは四畳半ぐらいの平らな岩の上。夕陽がいつもきれいで見晴らしがすばらしい。好きな食べ物と水を持って、ときどきぼくはここへ寝にいく。ここはぼくのシークレット・ポイント。心を静かにして、地球がゆっくり今日も回って日が暮れていくのをぼくは眺めにいく。その岩の上に腰をおろしているだけで、ぼくは幸福な気分になれる。そこにいるだけで、元気が湧いてくるのがわかる。「この地球の上でただぼくは生きているだけだ、何を恐れることがあろうか……」ってな強い心になれる。

あなたもそんな秘密の場所をひとつどうぞ。

フライフィッシング・トレール

「魚たちと出会う前に、ボクは興奮でくたびれそうだ」。釣りはバックパッキングの素敵な気晴らし。それにあなたの夕食のメニューに新鮮なヤマメやイワナの料理をそえることができる。

いい渓流が流れているところへバックパッキングに行くなら、ぼくなら釣り竿をかならずバックに忍ばせていくね。そしてぼくならその日のディナーはヤマメかイワナだね（あたしゃあ、ちょっとは有名な毛鉤釣り師なんだぞ）。

釣りは、あなたの旅のエンターテインメント。そして渓流釣りだったらフライフィッシングがいい。絶対にフライフィッシングだ。偏見だろうが独断だろうが、何がなんでもフライフィッシングしかない。自分が10年間以上夢中にやって、「これはおもしろい。一生やめられない。やめない」ってはっきり思うのだから、自信を持ってあなたにもおすすめする。

西洋式の毛鉤釣りであるフライフィッシングは、魚釣りの芸術である。これは毛鉤りで魚にいっぱい食わせて、いちばんおいしそうな奴を有難く食べてしまうスマートなゲーム（ヤマメやイワナやニジマスは頭にくるだろうけど）。そして、日本のバックパッキングのフィールドには必ず美しい渓流が流れている。何時間も歩いて行かなければたどりつけない渓流の奥地には、あなたでも騙せるまだ純情なヤマメやイワナが住んでますぜ。

釣りエサの心配をしなくてもいいフライフィッシングはバックパッカー向きの釣り。ぼくは暖かいシーズン中のウォーキングのときには一式持って歩いている。竿は5ピース（5本継なぎ）で7フィート（2.13メートル）のバックロッド。スコット製でロッドケース共の重量が260g。フライライン（フライフィッシング用の道糸）を巻きこんだリールが90g。100個以上のフライ（毛鉤り）が入ってるプラスチックのフライボックスが50g。それからリーダー（はり糸）やハサミなんかのちょっとしたアクセサリーが全部で100g。一式でしめて500gちょうど。これだけあれば、いつだってどこでだって、ちょっと暇を作って、新鮮でおいしいオカズをぶらさげてこれる、ぼくたちのキャンプサイトに。

あなたは全く運がいい。すごくいいフライフィッシングの入門書がある。その本は何を隠そう、メイベル男爵とぼくの共著。そのタイトルも「フライフィッシング教書」。この本と同じ晶文社出版刊で、うっとりするようなカラー写真もたくさん入ってて今どき1500円は安すぎる。少なくとも、

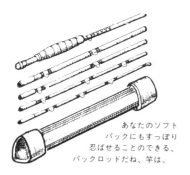

あなたのソフト
バックにもすっぽり
忍ばせることのできる、
バックロッドだね、竿は。

フライフィッシングの秘密は、このフライリールに収納されている太い道糸であるフライラインにある。シェリダンとぼくの本を読めば、このフライラインの力を借りて、全く重さのないフライを20メートルも先の渕にキャストして、イワナにいっぱい食わせることができる。右は魚のサイズに合った何種類かのリーダー。

この本の出版社と男爵とぼくと、それから男爵の伯母さんのヘーゼル（ラスベガスに住んでる）も同じ意見だ。でも、この本を買うあなたにお願いがある。「どうぞぼくやみんなの分まで釣ってしまわないで。ヤマメやイワナはぼくたちの共有の宝物。心ない乱獲をすると、いつか罰があたるよ」（ちょっと脱線しすぎたかなあー。でも、笑ってる場合ですよ）。

さて、これはまじめな話し。ぼくはフライフィッシングが好きになって渓流を歩くようになって、山や高原や森のもうひとつの素顔を知った。ウオーカーはだいたいはいつも、その地形のいちばん高い処を歩いている、ってことを知った。そしてぼくたちは、いつもそこからいろんな景色を眺めている。道はだいたい尾根筋の高いところに作られている。しかし、山や森がいちばん奥深いところは沢筋なのだ。沢水は、この地形のいちばん低

いところを流れている。

バックにフライロッドを忍ばせて、渓流を歩くのもいいもんですよ。そこには今までと違う自然の素顔がある。新鮮な発見がある。

渓の流れの水温が温くなる頃、釣りの悪友と計らって、渓流の旅をする。もちろん目的は尺物のヤマメやイワナを騙すため。渓流をさかのぼって、渓の源流域まで行って、そこでキャンプをしながら、トンマなイワナにいっぱい食わせるのだ。流木を集めて焚火をして、熊笹の竹串でイワナを塩焼きにしていっぱいやって。余った2、3匹は煙で十分にいぶしてクン製に。それから沢筋をつめて山を越えて尾根道にでて。イワナのクン製をかじりながら今度はむこう側の沢を釣る。

イワナ釣りを兼ねた沢歩きは、山と渓流の国である日本の夏のバックパッキングの旅のバリエーション・トレール。でも沢歩きは、高度な常識が必要なウォーキングなので、気を付けて。そして「魚たちと出会う前に、興奮でくたびれないように……」。

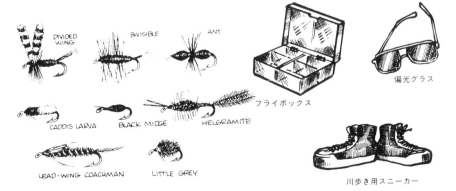

DIVIDED WING

BIVISIBLE

ANT

CADDIS LARVA

BLACK MIDGE

HELGRAMITE

フライボックス

偏光グラス

LEAD-WING COACHMAN

LITTLE GREY

川歩き用スニーカー

☞ゴミは人々の心を映している鏡

夏の北アルプスの山の上の、とあるキャンプサイトでの2人の男の会話。1人はやや中年に近づいたバックパッカー。もう1人は、キャンプサイトの管理を多分押し付けられている山小舎の気のよさそうな学生アルバイト。

「こんにちは。あのうー、管理費200円なんですが払ってもらえますか？」

「あっそう、ごくろうさん。200円ねちょっと待ってて、はい200円」

「どうもすみません。あそこにゴミ捨て場がありますから、ゴミはあそこに捨てて下さい」

「うん、ありがとう。あっ、ちょっと待ってよ。それにしてもすごいゴミじゃないか。どうしてみんなが持って帰るようにしないの？　自分のゴミは自分で持ち帰ればいいのに……」

「これから縦走する人たちもいますし、重くて大変でしょ、みなさん。そのために管理費もらってますから。あとでまとめて石油かけて燃やしますから。それじゃあ」

「あのさあ、それにしてもすごいゴミじゃない。石油かけたって全部は燃えないだろ。空き缶や生ゴミもすごいし、どうするわけ？」

「山の中に穴掘って埋めんですよ」

「ふうーん、でもみんなに持って帰ってもらうように指導すればいいのに……」

「ぼくはアルバイトだし、よくわかりませんよ。みなさんよくゴミを捨てていきますよ。毎年そうみたいですよ。山小舎でもゴミの処理がひと苦労なんですよ。でも仕事ですから……」

「それにしても汚いキャンプサイトだなあ、こんな山の中なのに。よくないよ、こういうの。ゴミ捨て場なんか作るからみんなが捨ててくんだよ」

「200円返しましょうか。金儲けて管理ひき受けてるわけじゃないんですから……」

「あっ、そうじゃないよ。ごくろうさん……」

　みんながてんでわかっていないだけなんだ。"ゴミを捨てるな" とか "空き缶は持ち帰ろう" とか "高山植物を折ったり、採ったりしないように" とか、はたまた "タバコの吸いガラを捨てるな" なんていう高速道路の標識までこの国にはある。

　考えてみなくても、まるで馬鹿げている。笑ってる場合ですよ、こういうのは。ああいう標識は「標識がないところには、こっそり捨ててよろしい」って教えてるのと同じ。悪いジョークだ。それがロジックというものだ。笑ってしまうしかない。笑ってしまえ！

　地球の上はゴミだらけだ。自然に還らない石油製品やアルミニュウムがどんどん捨てられている。核燃料の廃棄物までも。そして、ゴミ処理に支出される予算は今や莫大なものにふくれ上っている。自治体の財政を圧迫している。とりわけ都会は、恐るべきゴミの巨大な生産工場。あのゴミは、本来ぼくたちの生活をより豊かにしてくれることもできるはずの物だったのに。

　でも、ゴミ公害の問題に関してはあなた、笑ってる場合ですよ。こんなのは本当はすごく簡単に解決できる。最初からゴミになるべくして生産されるようなものは作らなければいいだけの話。底をつき始めた化石燃料を、もっともっと大切に大切に使えばそれだけでいい。「キャンプサイトのゴミは、自分で持ち帰ろう」なんて標識が、楽しいジョークになる時代がやってきますように。

おわりに

これでおしまい。アッヒェヘェ（ナバホ語で、ありがとう）。

最後に、すごく気に入っている詩を紹介いたします。1900年代の初めに、キャリフォルニア・ピット・リバー・インディアンと一緒に暮らした、ジェイム・ドゥ・アングロという人が書いたものです。彼は、カウボーイ、人類学者、医者、詩人だった。

狐はたったひとりで暮らしていた。
大地はなかった。そこいらじゅうが水びたしだった。

　"どうすりゃいいんだろう"
狐はひとり言した。狐は、答えをさがすかわりに、歌いはじめた。
　"ぼくは誰かに会いたいんだ"
彼は空に向かって歌った。そしたら、コヨーテに会った。
　"誰かに会いにいこうかと思ってたんだ"
狐は言った。
　"どこへいくんだい?" コヨーテが聞いた。
　"ぼくは誰かをさがそうとして、そこいらじゅうをほっつき歩いたんだ。ぼくはここで、ちょっと悩んでたんだ"
　"そうだったの。ふたりで一緒にいったほうがやっぱりいいよね……"

　"そうとも、でも、どうしようか?"
　"わかんないよ"

　"わかった!　世界をつくってみようよ"
　"でも、それからどうすればいいんだろうか"
コヨーテが聞いた。
　"歌うんだよ!"
狐が言った。

Jaime de Angulo

P.S.　今度、長野県南佐久郡川上村大字川端下の村外れの、シラカバと山ザクラとナラと、それからハリギリの雑木林に引っ越すことになりました。あのへんの森や山や岩山や、それから川でのさばっていると思います。近所をブラつきにきたら、番茶でも飲んでいって下さい。

1982年6月　田渕義雄

著者紹介

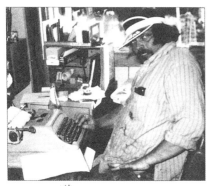

チェロキンの自宅でサンフランシスコにいるジプシー
のガールフレンドに、手紙を書いているシェリダン。

遊び道具を積みすぎて、バックパッキングだけじゃな
くて、フロントパッキングも楽しんでいるところ。

シェリダン・アンダーソン

シェリダン・アンドリアス・ムルホランド・アンダーソ
ンは、山や森や渓流に出没しては、もう数十年にもわた
ってあてどなく彷徨っている。幾分、軽率な男であるこ
とはさておき、だいたい一人でいつも旅をしているが、
それは彼の悪友たちにたいする当て擦りでもあるのだ。
数年前、サンフランシスコの安下宿の邸宅をひき払い、
南オレゴンの人口500人の片田舎に移住した。鱒釣りと
バード・ウォッチングと、バックパッキングの毎日に明
け暮れながら、ごくたまあにコミック誌の仕事をしてい
る。しかし冬は、あの砂漠の蜃気楼都市であるラスベガ
スに移動し、最愛のヘーゼル伯母さんと暮らしている。

田渕義雄

東京生まれの東京落ちこぼれ。何が仕事で何がそうじゃ
ないのかわからなくなっちゃったので、フリーランスの
ライターを、今はやっている。バックパッカー、フライ
アングラー、ロッククライマー、オートバイ乗り、野菜
作り（ただ今一番ご熱心）、説教師、ヘボ大工、その他等
々。「リバーオデッセイ」・「薪ストーブの本」・「フライ
フィッシング教書」・「寒山の森から」（以上晶文社出版）、
「ソフトハウス―または地球の上に眠る」（森林書房）、
「冒険家の森」（C・Dニコルとの監修、クロスロード）、
「車で楽しむファミリーキャンプ」（ごま書房）、「ザ・フ
ライフィッシング」（アテネ書房）など著書多数。

メイベル男爵の
バックパッキング教書
きょうしょ

1982年6月30日　初版
2021年1月30日　17刷

著　者　田渕義雄
　　　　シェリダン・アンダーソン
発行者　株式会社晶文社
　　　　東京都千代田区神田神保町1-11
　　　　電話 (03) 3518-4940 (営業)
　　　　　　 (03) 3518-4942 (編集)
http://www.shobunsha.co.jp

印刷・堀内印刷所　版下製作・富士クレスト
製本・ナショナル製本協同組合

✱ = INDICATES ITEMS THAT CAN BE SHARED, TO LIGHTEN THE LOAD....

HIKING STAFF
PACK
SMALL DAY PACK ✱
SLEEPING BAG
STUFF BAG
FOAM PAD
GROUND CLOTH
TENT ✱
HAT
BALACLAVA HELMET
SUN GLASSES / CASE
BANDANA
HANKIES
SHIRT
PANTS
BELT
UNDERWEAR
SOCKS
SHOES
EXTRA LACES
SLIPPERS
JACKET
SWEATER
RAINCOAT / PONCHO
GAITERS
GLOVES
SWIMSUIT
FOOT POWDER ✱
ADHESIVE TAPE ✱
POCKET KNIFE
FLASHLIGHT
BATTERIES
MATCHES
WATERPROOF CONTAINER

CANDLES ✱
FIRE STARTERS ✱
COMPASS ✱
MAPS ✱
INSECT REPELLENT
LIP SALVE OR TOILET LANOLIN ✱
SUNBURN CREAM ✱
WATER PURIFICATION TABLETS ✱
FIRST-AID KIT ✱
SALT TABLETS ✱
PILLS — MEDICINES
EXTRA NYLON CORD ✱
SEWING KIT ✱
TOILET PAPER
BAR SOAP / CONTAINER
TOOTH BRUSH / CONTAINER
TOOTHPASTE OR POWDER
COMB
PURSE MIRROR ✱
WASH CLOTH
TOWEL
STOVE ✱
FUEL / CONTAINER ✱
FUNNEL FOR FUEL ✱
WATER BOTTLE
CUP
BOWL
KNIFE
FORK
SPOON
COOKPOT / LID ✱
FRY PAN / LID ✱